Thomas Leist / Petra Leist
Damit Berufung zum Beruf wird

Thomas Leist / Petra Leist

Damit Berufung zum Beruf wird

*Berufungspastorale Impulse
zu den Schriftlesungen der Sonn- und Feiertage*

Lesejahre A, B, C

Herausgegeben von der Fachstelle
chance kirchenberufe

Schwabenverlag

VERLAGSGRUPPE PATMOS
PATMOS
ESCHBACH
GRÜNEWALD
THORBECKE
SCHWABEN
VER SACRUM

Die Verlagsgruppe
mit Sinn für das Leben

Für die Verlagsgruppe Patmos ist Nachhaltigkeit ein wichtiger Maßstab ihres Handelns. Wir achten daher auf den Einsatz umweltschonender Ressourcen und Materialien.

Alle Rechte vorbehalten
© 2021 Schwabenverlag
Verlagsgruppe Patmos in der Schwabenverlag AG, Ostfildern
www.schwabenverlag-online.de

Umschlaggestaltung: Finken & Bumiller
Umschlagabbildung: © StacieStauffSmith Photos / shutterstock
Satz: Schwabenverlag AG, Ostfildern
Druck: CPI books GmbH, Leck
Hergestellt in Deutschland
ISBN 978-3-7966-1806-2

Inhalt

Zu diesem Buch 7

Lesejahr A *(Thomas Leist)*
Advent 10
Weihnachtszeit 14
Fastenzeit 20
Osterzeit 30
Jahreskreis 39
Dreifaltigkeitssonntag 72
Fronleichnam 73
Heiligstes Herz Jesu 74
Allerheiligen 75

Lesejahr B *(Petra Leist)*
Advent 78
Weihnachtszeit 82
Fastenzeit 88
Osterzeit 97
Jahreskreis 106
Dreifaltigkeitssonntag 139
Allerheiligen 140

Lesejahr C *(Thomas Leist)*
Advent 144
Weihnachtszeit 148
Fastenzeit 153
Osterzeit 162
Jahreskreis 172
Dreifaltigkeitssonntag 205
Fronleichnam 206
Heiligstes Herz Jesu 207

Zu diesem Buch

Damit Berufung zum Beruf wird

Dieses Buch bietet für jeden Sonntag aller drei Lesejahre einen kurzen geistlichen Impuls, um über die eigene Berufung nachzudenken – die Lesejahre A und C orientieren sich vor allem am Evangelium, das Lesejahr B vor allem an den Lesungen.

«Man muss finden, was man liebt – das gilt für die Arbeit wie fürs Privatleben. Deine Arbeit wird einen grossen Teil deines Lebens einnehmen. Und die einzige Möglichkeit, Zufriedenheit zu erlangen, besteht darin, das zu tun, was man selbst für grossartige Arbeit hält. Und der einzige Weg, grossartige Arbeit zu leisten, besteht darin, zu lieben, was man tut» (Steve Jobs, Rede in Stanford, 2005).

Damit Berufung zum Beruf wird

Thomas Morus dachte lange darüber nach, ob seine Berufung ihn in einen kirchlichen Beruf führen würde, aber er wurde Jurist, Lordkanzler – und Heiliger. Die Berufung zu einem Beruf ist keineswegs auf kirchliche Dienste beschränkt. Zudem lebt die Kirche von einer Vielfalt von Berufen und Berufungen: als Geweihte, als Pastoral- und Gemeindereferent*innen und -assistent*innen, als Religionspädagog*innen, als Mitarbeiter*innen der vielfältigen Dienste der Diakonie, der Kirchenmusik, als Pfarrsekretär*innen, Sakristan*innen, Erzieher*innen und viele mehr.

Damit Berufung zum Beruf wird

Petra Leist & Thomas Leist

Anmerkung des Autorenpaars

Gott sprach zu Abram: Zieh weg aus deinem Land ... (Gen 12,1). Manchmal führt die Berufung auch in ein neues Land. Uns hat sie aus Deutschland in die Schweiz geführt. So ist dieses Buch dort entstanden. Es folgt den Schweizer Regeln der Rechtschreibung, und wenn sich nach 25 Jahren in der Schweiz weitere Helvetismen eingeschlichen haben: Exgüsi.

Lesejahr A
Thomas Leist

1. Adventssonntag

IMPULS zum Evangelium: Mt 24,37–44

Wenn wir das heutige Evangelium falsch verstehen, macht es nur Angst: *Denkt daran, wie schnell alles vorbei sein kann!* Doch eigentlich möchte diese Botschaft keine Angst machen, sondern wachrufen.

Wenn ich davon ausgehen müsste, nur noch kurze Zeit zu leben – was würde das für mich bedeuten? Die Gedanken daran, was man dann noch tun wollte, können einen mit der eigenen Sehnsucht in Berührung bringen. In der Sehnsucht steckt vielfach der Ruf Gottes, unsere wahre Berufung. Und manchmal steckt darin auch der Ruf zu einem neuen Beruf. Natürlich kann man nun nicht alles über den Haufen werfen, wenn man doch noch länger lebt. Manchmal fängt alles mit einem Hobby an. Manchmal geht es darum, eine Zeit lang zweigleisig zu leben und im alten Beruf Geld zu verdienen, bis die Zeit da ist, Neues zu wagen. Jesus lädt uns ein, unsere Sehnsucht, unsere Berufung zu bedenken.

2. Adventssonntag

IMPULS zum Evangelium: Mt 3,1–12

Wir hören heute von den Taten Johannes des Täufers. Die Bibel beschreibt darin den Prototyp eines Seelsorgers. Damit ist nicht gemeint, dass die Seelsorgerinnen und Seelsorger fortan in Kamelhaargewänder gekleidet sein sollen, auch wenn ihnen diese nach Papst Franziskus womöglich besser anstünden als Armani-Anzüge. Nein, es geht um die Funktion, die Johannes übernimmt, und um sein Selbstverständnis, mit dem er es tut. Er verkündet das Himmelreich – und zugleich, dass nach ihm einer kommt, der weit grösser ist als er.

Johannes: Seiner gedenken wir zweimal im Jahr: kurz nach Weihnachten und am Johannistag, am 24. Juni. Dieser Johannistag steht in Beziehung zur Sommersonnenwende, abgeleitet von dem Satz aus Joh 3,30: *Er muss wachsen, ich aber muss kleiner werden* – so werden die Tage nach seinem Fest kürzer bis zur Geburt Christi, ab wo sie wieder länger werden.

Die Selbstverwirklichung des Johannes besteht darin, Christi Wirklichkeit zu verkünden – eine wundervolle Aufgabe, bis heute: herzliche Einladung dazu.

LIEDVORSCHLAG
«Du Künder Christi, Sankt Johann» (KG 785)

3. Adventssonntag

IMPULS zum Evangelium: Mt 11,2–11

Das heutige Evangelium tut einfach gut – all jenen, die auf der einen Seite voll Glauben sind und auf der anderen Seite auch voll schmerzhafter Zweifel. Johannes, der wortgewaltig Jesus als Messias angekündigt hat, Johannes, der schon vor der Geburt voll Freude über Jesus im Mutterleib hüpfte, fragt heute: Bist du es wirklich?

Wie kommt es zu diesen Zweifeln? Johannes sitzt im Gefängnis und kommt ins Grübeln. Er hatte einen machtvollen Messias erwartet, einen Richter mit Feuer und Schwert, und nun ist dieser Messias da. Aber er verhält sich ganz anders: geduldig, barmherzig. Nichts von Feuer und Schwert.

Wenn es heisst, dass Johannes «im Gefängnis» war, dann ist das nicht nur äusserlich zu verstehen. «Gefangen sein» ist auch ein seelischer Zustand. Oft sind wir gefangen in unseren Weltbildern und falschen Gottesvorstellungen. Und wie antwortet Jesus? Er bietet keine theologischen Begründungen an. Er sagt vielmehr: *Schau doch einfach. Blinde sehen, Lahme gehen, Taube hören.*

Unsere Berufung, nicht einmal unsere Nachfolge, bewahrt uns vor Zweifeln, aber sie haben nicht das letzte Wort dort, wo Taube hören.

4. Adventssonntag

IMPULS ZUM Evangelium: Mt 1,18–24

Wir hören heute im Evangelium von einem Traum, der wesentlich wird für den Fortgang der Dinge. Jeder von uns träumt. Es gibt ganz unterschiedliche Träume. Wir sprechen vom Traumurlaub, vom Traumschiff oder bisweilen von Traumberufen. Wenn wir von einem Traumberuf sprechen, meinen wir zumeist einen Beruf ganz nach unseren Vorstellungen. In der Heiligen Schrift aber wird der Traum oft zu einem Ort der Begegnung mit Gott (1 Kön 3,5) oder – heute – zu einer Mitteilung Gottes. So verstanden ist der Traumberuf der Beruf, zu dem Gott uns berufen hat. Berufung aber ist kein Geschehen, das immer gleich alle Fragen beseitigt, und Träume werden oft erst von Dritten gedeutet – wunderschön erzählt über den Traum des Pharaos und seine Deutung durch Josef im Buch Genesis.

Die Berufungspastoralstellen wollen gemeinsam mit Träumenden eine Traumdeutung wagen. Das führt nicht zwingend in einen kirchlichen Beruf, aber sicher in eine sinnerfüllte Zukunft. Träume nicht dein Leben – lebe deine Träume.

Weihnachten (Heilige Nacht)

IMPULS zur Ersten Lesung: Jes 9,1–6;
zum Evangelium: Lk 2,1–14

Stellen Sie sich einen schweren Unfall vor. Dringend braucht es einen Arzt. Da kommt eine junge Frau mit ihrem Neugeborenen und sagt ihnen: «Mein Kind hier wird einmal ein hervorragender Notarzt.» Das passt nicht.

Viele Menschen wünschen sich einen mächtigen Gott. Wir wünschen uns einen Gott, der etwas verändert – stattdessen liegt ein Kind in der Krippe. Das passt nicht.

Doch der Schlüsselsatz steckt in der Lesung: «Das Volk, das in der Finsternis ging, sah ein helles Licht; über denen, die im Land des Todesschattens wohnten, strahlte ein Licht auf.» Licht verändert bekanntlich wenig an einer Sache selbst. Licht verändert keine Kriege, keine Schmerzen, keine Einsamkeit. Aber Licht lässt anders wahrnehmen. Licht macht sehend.

Und weil diese Geburt in der Nacht der Beginn des Weges Christi auf Erden ist, ist sie auch der Anfang jeder Berufungsnachfolge: Nicht Können noch Stärke steht am Beginn, sondern die Bereitschaft, Menschen die Möglichkeit zu schenken, ihr Leben in einem neuen Licht zu sehen.

Fest der Heiligen Familie

IMPULS zum Evangelium: Mt 2,13–15.19–23

Jesus, gerade erst geboren, ist auf der Flucht. Josef und seine Familie flüchten vor Herodes nach Ägypten. Oft wird dieser Text verwendet, um in diesen Zeiten auch an die Flüchtlinge zu denken. Für mich ist dieses Evangelium auch ein Hinweis auf viele Berufungen: Der Weg vom Anruf zur Tat ist nicht immer der kürzeste. Es braucht Umwege, das Betreten fremder Länder, ein Ausweichen. Und es braucht die Sehnsucht, in alledem die Heimat nicht zu vergessen.

Der Weg in die eigene Berufung braucht oft Jahre; er braucht bisweilen einen Engel, der sagt, wo es langgeht; er braucht die Wahrnehmung für Grenzen und die Kraft, immer wieder aufzubrechen. Er braucht einen langen Atem. Dieser sei allen geschenkt, die sich mit ihrer Berufung auseinandersetzen.

NACH DER KOMMUNION

Auf allen Wegen ankommen bei dir.
Bei allem Aufbruch dich nie verlassen.
Gerufen, getragen, geliebt.

1. Januar – Hochfest der Gottesmutter Maria

IMPULS zum Fest

Am ersten Tag des Jahres feiern wir quasi drei Feste: den achten Tag des Weihnachtsfestes, also den Oktavtag von Weihnachten, das Hochfest der Gottesmutter Maria und den kirchlichen Weltfriedenstag. Das Zusammenspiel ist bereits die Botschaft des Tages:

Die Gabe von Weihnachten schenkt bleibende Freude (Oktav), sucht eine bereite Annahme (Maria) und ist Aufgabe für die Welt (Frieden). Und exakt diese drei Elemente sind das, was wir als Berufung bezeichnen: die Freude an der Zuwendung Gottes zu den Menschen; die Bereitschaft, ihn im eigenen Leben Gestalt werden zu lassen; und der Auftrag, darin und dadurch Welt zu gestalten. Das wäre doch einmal ein Vorsatz für das neue Jahr – und vielleicht auch der Gedanke, ob das nicht in diesem Jahr auch in ein Amt oder Ehrenamt der Kirche münden könnte.

Erscheinung des Herrn

Impuls zum Evangelium: Mt 2,1–12

Immer weniger Menschen kommen in unsere Gottesdienste – was machen wir falsch? Die Antwort und der Kern jeder Seelsorge steckt im heutigen Evangelium. Die Weisen folgen dem Stern, nicht einer Landkarte. Eine Landkarte zeichnet das Ziel und den Weg ein. Ein Stern gibt nur eine Richtung vor, der Weg muss selbst gesucht werden.

Als Kirche haben wir immer wieder Landkarten geschrieben; wir haben exakte Wege vorgezeichnet, die genau so gegangen werden müssen, um zum vermeintlichen Ziel zu kommen. Aber in der Begegnung mit Gott gibt es keine für alle gültigen Landkarten, sondern nur, so lernen wir aus diesem Fest, einen Stern. Wir bekommen einen Stern, der Richtung schenkt für den nächsten Schritt. Und wir verspüren eine innere Verheissung, die uns ermutigt, weiterzugehen, auch wenn wir das Ziel noch nicht sehen. Das ist das Geheimnis der Weisen und ihrer Berufung. Wagen auch wir, diesem Stern zu folgen?

NACH DER KOMMUNION

Warum ich die Richtung kenne
Wie ein Stern am Himmel
steht über mir
der wahre Gott.
Sein Licht,
das schwächste in der Finsternis.
Seine Wärme,
sinnlos vergeudet
in unendliche Weiten.
Sein Sein, unbedeutender Fleck
am Ende des Sehens.
Doch sein Ort
weist Richtung
auf nächtlichem Gang.

(Thomas Leist, 1992)

Taufe des Herrn

IMPULS zum Evangelium: Mt 3,13–17

Das Fest der Taufe des Herrn steht am Ende der Weihnachtszeit und zugleich am Beginn des Jahreskreises. Zwar sind wir bekanntlich auf den Tod Jesu getauft, weshalb hier also von einer etwas anderen Taufe die Rede ist, doch hat diese Taufe des Herrn eine Parallele zur eigenen Taufe:

Sehr wertvolles Briefpapier hat manchmal ein Wasserzeichen, das man sehen kann, wenn man das Papier gegen das Licht hält. Dieses Papier mit seinem Wasserzeichen kann ein Bild für die Taufe sein, denn was immer ich auf das Papier schreibe, in welchen Farben ich male, ob das Papier glatt oder, vom Leben gezeichnet, zerknittert ist – das Wasserzeichen bleibt. Und heute findet dieses Wasserzeichen Worte: *Das ist mein geliebter Sohn, an ihm finde ich mein Gefallen.*

Wir alle tragen dieses Wasserzeichen als geliebte Söhne und Töchter in uns. Wie immer wir das Leben füllen oder behandeln, das Zeichen bleibt. Und Berufung heisst in diesem Kontext eigentlich nichts anderes, als das Blatt gegen die Sonne zu halten – nicht die eigenen Zeilen und Bilder wollen wir zeigen, sondern das Wasserzeichen.

Aschermittwoch

IMPULS zum Evangelium: Mt 6,1–6.16–18

Das heutige Evangelium zeigt eine besondere Dimension von Berufung. Da heisst es: *Was immer ihr Gutes tut, tut es im Verborgenen.* Und genau so geschieht es Gott sei Dank auch bis in unsere Tage. Viele Menschen leben ihre Berufung und Nachfolge ganz im Verborgenen, vielleicht ohne selbst darin eine besondere Nachfolge zu sehen. Und diese verborgenen Dienste am anderen halten unsere Gesellschaft zusammen. Wir müssten eigentlich, wenn wir um die Weckung von Berufungen beten, insbesondere für diese verborgenen Berufungen beten – nicht wissend und nie erfahrend, wie viele Menschen ihr bereits folgen. Aber das wäre doch einmal ein Projekt für die Fastenzeit: Jeden Tag im Verborgenen eine gute Tat zu leisten.

ZUM ABSCHLUSS

Während des Zweiten Vatikanischen Konzils wurden von vielen die Mercedes-Limousinen bewundert, mit denen einige Bischöfe erschienen. Ein Bösewicht, so heisst es, habe auf die Fahrzeuge geschrieben: «Accepit Mercedem suam» – «Er hat seinen Lohn erhalten.»

1. Fastensonntag

Impuls zum Evangelium: Mt 4,1–11

Wir hören heute von den Versuchungen Jesu am Ende einer 40-tägigen Wüstenzeit. Aber es wäre fatal, dieses Evangeliums als Durchhalteparole für die kommende Fastenzeit nutzen zu wollen. Denn der Text ist kein Motivationstraining, sondern eine Berufungsgeschichte.

Dazu muss man die Bibelzitate, die Jesus verwendet, kennen. Sie alle erinnern an die Mahnungen, die einst Mose dem Volk Israel auf der Wüstenwanderung mitgegeben hat: *Der Mensch lebt nicht vom Brot allein,* heisst es (Dtn 8,3); *ihr sollt euren Gott nicht auf die Probe stellen* (Dtn 6,16). *Den Herrn, deinen Gott, sollst du fürchten und ihm allein dienen* (Dtn 6,13).

Jesus Christus hat Versuchungen erlebt. Aber diese Versuchungen sind nicht einfach eine Gefahr, von Gott abzufallen, sondern führen in eine tiefere Erkenntnis und zur Übernahme des Auftrags, mit dem Gott in das gelobte Land führen will.

Berufungen geschehen oft nicht in meiner Komfortzone, sondern dort, wo ich in Zweifel gerate, Wüste erlebe, angefragt bin und den eigenen Lebenssinn für mich neu definieren muss.

2. Fastensonntag

IMPULS zum Evangelium: Mt 17,1–9

Wie in vielen Lesungen aus den Evangelien, hören wir heute in der Verklärungsgeschichte auf dem Berg eigentlich eine Berufungsgeschichte in drei Teilen.

Im ersten Teil stehen da die drei Prototypen der Seelsorge zusammen: Mose, der im Gesetz versucht, lebensermöglichende Weisung Gottes für sein Volk zu formulieren; Elija, der Prophet mit fast katechetischen Mahnungen und Belehrungen; und Jesus, der Sohn Gottes.

Im zweiten Teil schauen wir auf Petrus. Beeindruckt von den Erlebnissen und den drei Protagonisten, will er für alle «Hütten bauen» – er will bewahren, festhalten. Aber plötzlich sind Mose und Elija weg, das Gesetz und die Belehrung sind aufgehoben, gewinnen Gestalt einzig in der Liebe: in Christus.

Der dritte Teil der Berufungsgeschichte ist die Überschrift über alle Berufung: *Auf ihn sollt ihr hören.* Dieser Satz liess damals, lässt heute zusammenzucken. Wagen wir es wirklich, auf ihn in unserem Leben zu hören? Die Nachfolge beginnt genau darin.

3. Fastensonntag

IMPULS zum Evangelium: Joh 4,5–42

Wir hören heute im Evangelium eines der nettesten Missverständnisse der Bibel und wohl auch eines der häufigsten in der Frage der Berufung: Jesus unterhält sich mit einer Frau am Brunnen. Er sagt, er habe das Wasser des Lebens, und die Frau sagt: *Herr, gib mir dieses Wasser, damit ich keinen Durst mehr habe und nicht mehr hierherkommen muss, um Wasser zu schöpfen.*

Das wäre zu schön. Nie mehr zum Brunnen kommen müssen, das Ende des Wasserschleppens. Und manchmal erwarten wir auch heute noch, dass Gott uns die mühsamen Wege unseres Lebens einfach abnimmt. Aber offensichtlich verhält es sich mit dem Wasser des Lebens anders. Offenbar stillt es einen anderen Durst. Den Durst nämlich nach einem Sinn im Leben, auch einem Sinn im täglichen Trott. Wie? Indem es – wie das Wasser eines Flusses – Quelle und Mündung erkennen lässt.

Und dieses Wasser des Lebens – wir haben es alle längst erhalten in der Taufe, in der uns ein Leben geschenkt ist, das aus der Liebe Gottes quillt und in sein Reich mündet. Berufung heisst nicht, keine Mühsal zu erfahren, sondern diese Erkenntnis Gestalt werden zu lassen im eigenen Leben und bisweilen in einem Dienst der Kirche.

4. Fastensonntag

IMPULS zum Evangelium: Joh 9,1–41

Das heutige Evangelium führt uns eine Tatsache vor Augen, die wir gern ausblenden: Nachfolge und Berufung müssen bisweilen provozieren. Jesus provoziert, und das ganz bewusst. Er heilt am Sabbat, wissend, dass das verboten ist – es spräche nichts dagegen, es einen Tag später zu tun. Aber statt es einfach bei einer Heilung zu belassen, macht er, wie es heisst, einen Teig aus Speichel und Sand. Dies ist eine am Sabbat verbotene handwerkliche Tätigkeit, die zudem keineswegs nötig ist; oft genug hat er allein durch das Wort gewirkt. Jesus will provozieren.

Aber schauen wir genau hin, worin er provoziert: Er provoziert in einer heilenden Zuwendung, nicht durch markige Worte, durch Teilnahme an einer Demo oder Schaufrömmigkeit. Nachfolge darf auch heute die Provokation nicht scheuen in Kirche und Gesellschaft, und das ist wohl auch eine wichtige Frage in der Berufungsklärung: Bin ich bereit, mich auch da noch den Menschen heilend zuzuwenden, wo diese Zuwendung zur Provokation wird?

NACH DER KOMMUNION

Ein Mensch fragte: «Rabbi, wie kann Gott so viel Lieblosigkeit zulassen, ohne etwas zu tun?» Der Rabbi sagte: «Aber er hat doch etwas getan: Er hat sie dich spüren lassen – nun handle.» *(Thomas Leist)*

5. Fastensonntag

IMPULS zum Evangelium: Joh 11,1–45

Wir hören heute im Evangelium von der Auferweckung des Lazarus. Johannes benennt diese übrigens auch als letzten Grund für Jesu Hinrichtung – zwei Verse nach dem heutigen Evangelium.

Was ist passiert? Nüchtern betrachtet ein zweischneidiges Wunder. Die meisten Menschen, ob gläubig oder ungläubig, haben keine Angst vor dem Tod, wohl aber vor dem Sterben. Lazarus wäre dann einer der Menschen, die gleich zweimal sterben müssen – kein schönes Wunder.

Worauf es letztlich ankommt: Die Umgebung glaubt an die Auferstehung am Letzten Tag; aber Jesus will zeigen, dass die Auferstehung schon in der Gegenwart geschieht, dass das Heil Präsens ist und nicht Futur. Im Abschiednehmen von dem, was als Leben galt, kann das neue Leben geschenkt und Todesfurcht überwunden werden. Und genau das macht dieses Ereignis so gefährlich für die Mächtigen der Zeit: Ein Mensch ohne Angst kann nicht mehr beherrscht werden. Berufung heisst, den Menschen aus der Angst um sich selbst zu befreien – nicht, neue Ängste, neue Abhängigkeiten zu schaffen. Beten wir darum, dass uns das auch als Kirche gelingt.

Palmsonntag

IMPULS zum Evangelium der Feier des Einzugs: Mt 21,1–11

Der Beginn der Kar- und Ostertage beschreibt eigentlich das Auf und Ab jeder Berufung und Nachfolge – nur leider ist das in der Liturgie nicht immer spürbar. Denn wir feiern unsere Liturgien immer an der Seite des Herrn: Wir ziehen heute mit ihm ein nach Jerusalem. Wir werden Gründonnerstag mit ihm Abendmahl feiern, beten anschliessend mit ihm im Garten, und am Karfreitag stehen wir unter seinem Kreuz und verehren es.

Aber unsere Berufung, unsere Nachfolge kann nur dann andere anstecken, wenn sie nicht verlogen daherkommt. Denn eigentlich müssten wir in der Liturgie zum Ausdruck bringen, dass niemand der sogenannten Jünger im Garten mit Jesus gebetet hat – geschlafen haben sie; dass unter dem Kreuz gerade einmal einer von Zwölfen stand und eine kleine Schar Frauen.

Die Berufungsgeschichte, die wir in den nächsten Tagen miteinander begehen, lädt uns ein, in jedem der Bilder, die da gemalt werden, zu bedenken: Wo stünde ich? Und erst dann, wenn wir begreifen, dass Christus trotz allem seine Kirche errichtet auf diesen, die mal euphorisch, dann wieder gelangweilt und zum Schluss feige waren, erst dann können wir unsere eigene Berufung wagen.

Gründonnerstag (Messe vom letzten Abendmahl)

Impuls zum Evangelium: Joh 13,1–15

Kinder spielen gern Erlebtes nach. Das gilt auch für alle Arztspiele. Natürlich wissen wir, dass dieses Nachspielen keinerlei Heilung bringt.

Wir müssen heute aufpassen, dass wir Liturgie nicht zum Nachspielen werden lassen. Jesus hat den Jüngern die Füsse gewaschen. Dies war damals die Aufgabe der Sklaven, Erniedrigung. Wir können dieses Bild heute nicht einholen; das Waschen der Füsse ist in der Krankenpflege die Aufgabe ausgebildeter Fachkräfte und unter den Pflegeaufgaben übrigens keineswegs die unangenehmste. Ein Nachspielen dieser Handlung macht keinen Sinn. Weil aber das Evangelium darin am heutigen Tag den Kern der Berufung der gesamten Kirche zum Ausdruck bringt, brauchen wir neue Handlungen, die nicht nur symbolisch wie im Kinderspiel, sondern wirksam wie im wirklichen Arztbesuch zum Ausdruck bringen, was Jesus zum Ausdruck gebracht hat: Ich bin gekommen, um euch zu dienen. Nachfolge heisst nicht, das Gleiche zu machen, sondern wie in einer Serie aus einem gleichen Geist eine neue Folge zu kreieren. Das ist unsere Berufung.

Karfreitag

IMPULS zur Passion: Joh 18,1–19,42

Ein Berufungsgedicht: Weide meine Schafe

Zerquält vom Anblick vielen Leidens,
liegt vor Schmerz er wach im Bett.
Nicht begreifend all den Schrecken,
sucht er Licht in dieser Nacht.

Hört das Ohr noch Hammerschläge,
sieht das Auge noch das Kreuz,
sinnlos alle Tat auf einmal
angesichts der Todgewalt.

Was soll nun aus allem werden,
wo liegt Sinn in dieser Zeit?
Was wird uns die Zukunft heissen?
Wo ist uns'res Weges Ziel?

Noch erbrechend allen Kummer,
noch gelähmt von dieser Pein,
sich versteckend vor den Schergen
und gefahrlos leben wollend,

spricht da zu ihm der Gekreuzigte;
der, der alles Leid durchlebt,
gibt voll Liebe ihm den Auftrag,
der nun neuen Sinn ihm gibt:

Weide du mir meine Schafe,
hüte meine Brüder mir,
dulde niemals neuen Schrecken,
steh in allem ihnen für.

Musst du auch dein Leben schenken,
musst du selbst des Todes sein,
kraft des Geistes wirst du handeln,
ich werd' immer bei dir sein.

Und der einst so mutlos Seiende
macht sich auf zu diesem Weg,
nimmt nun selbst den Kelch des Leidens,
um mit seinem Herrn zu sein;

um nie wieder zu erdulden,
dass das Unrecht akzeptiert;
um nie mehr Verrat zu bringen,
um kein Lügner mehr zu sein.

(Thomas Leist, 1986)

Ostern

IMPULS zum Fest

Die Osternachtfeier führt uns wie keine andere Feier den Weg einer jeder Berufung vor Augen: Oft aus der Dunkelheit der Nacht geht uns ein Licht auf. Gerufen durch sein Wort, getauft in seinem Namen, entsteht voll Dank (Eucharistie heißt Danksagung) Gemeinschaft und eine gemeinsame Sendung.

Diese Schritte einzeln und in ihrer heutigen Reihenfolge wahrzunehmen, ist für die Berufung so bedeutsam. Viele glauben, sie müssten zuerst eine tiefe Christusbeziehung gefunden haben, damit sie in einen kirchlichen Dienst einsteigen können. Grosse Heilige wie Martin beweisen das Gegenteil. Seine Zuwendung zum Bettler geschieht aus reinem Mitleid, er ist zu diesem Zeitpunkt ungetauft; doch nach seiner Tat wendet sich Christus ihm im Traum zu. Auch heute steht die Tauffeier hinter der Wortfeier. Gott ruft uns *ins* Leben, Gott ruft uns *im* Leben, und wenn wir uns darin angesprochen fühlen, sind wir bereit zur Antwort und zur Feier. Gerufen – getauft – gesandt.

2. Sonntag der Osterzeit

IMPULS zum Evangelium: Joh 20,19–31

Wir hören heute im Evangelium vom sprichwörtlich gewordenen «ungläubigen Thomas». Eine Geschichte, die uns zeigt, wie Berufung gelingen kann. Erinnern wir uns: Thomas begegnet uns schon einige Kapitel zuvor als Fragender: «Herr, wir wissen nicht, wohin du gehst. Wie sollen wir dann den Weg kennen?» Er wurde damals von Jesus ernst genommen, und auch heute wendet sich Jesus dem zweifelnden Thomas zu und geht auf seine Unsicherheit ein. Und so ermöglicht er gerade ihm, dem Zweifler, das ganz persönliche Bekenntnis: «Mein Herr und mein Gott!»

Nebenbei: Die anderen Jünger waren nicht weniger ungläubig. So heisst es doch, dass sie aus Angst vor den Juden die Türen verschlossen hatten. Sie verkrochen sich.

Aber weder diese Jünger noch Jesus selbst schliessen nun den zweifelnden Thomas aus ihrer Gemeinschaft aus. Jesus beantwortet die Zweifel nicht beleidigt oder tadelnd oder lehrend. Er schenkt dem Ängstlichen und Suchenden Nähe und Berührung. Berufungen zu wecken wird uns nur gelingen, wo wir Zweifel zulassen und sie mit Nähe beantworten statt mit lehramtlichen Reden.

3. Sonntag der Osterzeit

IMPULS zum Evangelium: Lk 24,13–35

Das heutige Evangelium, die Emmausgeschichte, ist ein wundervolles Beispiel einer gelungenen Seelsorge und von daher geeignet, auch über Berufung und Nachfolge nachzudenken.

Zwei Jünger sind auf dem Weg nach Emmaus. Jesus geht mit ihnen mit. Sie sind in ihrer Traurigkeit eigentlich auf dem falschen Weg, sowohl in ihren Gedanken als auch physisch – denn sie werden, sobald sie begriffen haben, dass Jesus lebt, schnell wieder nach Jerusalem zurückkehren. Aber Jesus geht mit ihnen auch in die offensichtlich falsche Richtung mit, um ihnen das Leben und die Wahrheit zu erschliessen. Er fordert sie nicht auf, erst einmal umzukehren; er fordert sie nicht auf, stehen zu bleiben, die Augen zu öffnen, sondern er begleitet sie und wird erkennbar im gemeinsamen Mahl.

Wenn wir als Kirche nicht versuchen, die Menschen in eine Richtung zu drängen, selbst wenn es vielleicht eine bessere wäre, sondern sie vorbehaltlos begleiten, dann können wir darin Berufung wecken und Gemeinschaft erzeugen, die die Augen öffnet und das Herz brennen lässt. Es braucht zur Berufungsförderung den Langmut, auch auf vielleicht falschen Wegen zu begleiten.

4. Sonntag der Osterzeit

IMPULS zum Evangelium: Joh 10,1–10

Er ruft die Schafe beim Namen und die Schafe hören auf ihn, denn sie kennen seine Stimme. Einem Fremden aber werden sie nicht folgen, weil sie die Stimme des Fremden nicht kennen. – Dieser Satz beschreibt wie kein anderer gelingende und nichtgelingende Berufung.

Wenn wir in unserem Herzen, in unserer Seele angerufen werden, dann kennen wir diese Stimme; es ist die Stimme unserer Sehnsucht, die uns anruft. Wenn uns aber jemand anspricht mit seinen eigenen Visionen, Forderungen, einem uns fremden Gottesbild, das nicht unsere Sehnsucht erfüllt, dann bleibt uns dieser Ruf fremd.

Wir kennen seine Stimme, denn seine Stimme ist die Stimme, mit der er uns ins Leben gerufen hat; wir tragen sie seither im tiefsten Innern unserer selbst. Deswegen kennen wir diese Stimme und wissen sehr genau, ob jemand mit *ihr* spricht oder mit seiner noch so kraftvollen und lauten eigenen Stimme. Berufung kann nur gelingen, wenn der/die andere in uns die Stimme Gottes wahrnimmt.

5. Sonntag der Osterzeit

IMPULS zum Evangelium: Joh 14,1–12

Ich bin der Weg, die Wahrheit und das Leben. So stellt sich Jesus heute vor. Phantastischer können wir eigentlich nicht einladen, seinem Anruf zu folgen. Thomas sagt ganz richtig: Wir haben keine Ahnung, wo das hinführt. Und Jesus antwortet mit dieser dreifachen Aussage.

Vom ersten Schritt an sind wir, wenn wir unserer Berufung folgen, in ihm, mit ihm:
1. Er ist der Weg. Er ist nicht das Ziel, er ist der Weg.
2. Er ist die Wahrheit. «Wahr» kommt vom indogermanischen «wer» und heisst «treu», «verlässlich» – auch morgen noch gültig.
3. Er ist das Leben, das Leben in Fülle.
Berufung heisst, diese drei Momente der Nachfolge lebendig werden zu lassen.

6. Sonntag der Osterzeit

IMPULS zum Evangelium: Joh 14,15–21

Wer mich liebt, wird meine Gebote halten. … Wer mich liebt, wird von meinem Vater geliebt werden. Manchen erinnert dieser Satz vielleicht an Sätze wie: Wenn du brav aufisst, hat Mama dich lieb.

Dostojewski formuliert einmal: *Du aber liebe mich, auch wenn ich schmutzig bin; denn wenn ich weissgewaschen wäre, liebten mich ja alle.* Und genau das erwarten wir von Gott.

Was aber sagt das Evangelium? Was ist das Gebot, das Jesus seinen Jüngern gibt? Es steht ein Kapitel zuvor: *Ein Gebot gebe ich euch: Liebt einander.* Kurz: *Wer mich liebt, liebt seinen Nächsten.* Der zweite Teil ist etwas schwieriger: Wer seinen Nächsten liebt, wird spüren, dass auch er oder sie von Gott geliebt ist. Natürlich liebt Gott alle Menschen, das steht im ganzen Evangelium – aber dies spüren zu dürfen, heisst, sich auf die Liebe auch selbst einzulassen. Berufung bedeutet, sich dem anderen liebend zuzuwenden und gerade darin der immer grösseren Liebe Gottes nachzuspüren. Eine wunderbare Einladung auch für einen Dienst in der Kirche.

FÜRBITTRUF
«Dies ist mein Gebot: Liebet einander, wie ich euch geliebt»
(KG 630)

Christi Himmelfahrt

Impuls zum Evangelium: Mt 28,16–20

Wir alle haben ein Ereignis wie Christi Himmelfahrt wahrscheinlich schon erlebt, z. B. als Eltern: Eines Tages kommt der Augenblick, wo die Kinder aus dem Haus gehen. Es braucht Trennung zum Fortgang. Die Himmelfahrt ist nichts anderes, ganz gewöhnlich. Jesus hat mit seinen Jüngern gelebt. Und wie Kinder ihre Eltern nach dem Weggang besuchen, ist er sogar nach seinem Tod noch einmal zurückgekehrt, um ihnen nochmals Sinn und Leben zu erklären. Doch nun ist es an der Zeit. Die Jünger müssen ihren Weg finden. Die Zukunft liegt in ihren Händen.

Ein gewöhnliches Ereignis, eigentlich kein Grund zum Feiern. Den Fortgang der Kinder von zu Hause feiert man gewöhnlich auch nicht, sondern vielleicht ihren neuen Job. Aber findet die Kirche ihren Job? *Geht und macht alle Völker zu meinen Jüngern.* Feiern können wir erst, wenn wir den Auftrag umgesetzt haben. Feiern können wir, weil Menschen genau dies seit 2000 Jahren tun – sich anderen zuwenden, die Liebe Gottes weitergeben. Dadurch wird die Himmelfahrt zum Fest. Wir feiern all jene unterschiedlichen Berufungen innerhalb und ausserhalb der Kirche, wissend, dass darin uns der Satz gilt: *Ich bin alle Tage bei euch.*

7. Sonntag der Osterzeit

IMPULS zum Evangelium: Joh 17,1–11a

Haben Sie sich schon einmal um eine Stelle beworben? In der Regel werden dabei Arbeitszeugnisse oder Referenzen erwartet. Und manchmal passiert es, dass man eine so wohlwollende Referenz bekommt, dass man noch einmal eine stolze Freude spürt. Ich hoffe, wir alle spüren diese nachher im Evangelium, denn dort wird uns eine solche Referenz ausgestellt: *Sie haben dein Wort bewahrt. Sie haben erkannt, dass alles, was du mir gegeben hast, von dir ist. Die Worte, die du mir gabst, haben sie angenommen. Sie haben wahrhaft erkannt, dass ich von dir ausgegangen bin, und sie sind zum Glauben gekommen.*

Diese wunderbare Referenz gilt *uns!* Doch die Frage ist: Was machen wir daraus? Worauf wollen wir uns mit ihr bewerben? Manchmal sind es erst Referenzen, die uns auf die Idee bringen, noch etwas Grösseres zu wagen, als wir eigentlich im Sinn hatten – wagen wir es mit dieser Referenz, wo immer wir den Ruf Gottes hören.

Pfingsten

IMPULS zum Evangelium: Joh 20,19–23

Der Schlusssatz des heutigen Evangeliums ist der schönste und zugleich missverständlichste Satz in der Einladung zur Nachfolge: *Denen ihr die Sünden erlasst, denen sind sie erlassen; denen ihr sie behaltet, sind sie behalten.* Das ist keineswegs die Berechtigung, zu entscheiden, wem zu vergeben ist und wem nicht. Sondern – und das ist die innere Tragik – nur, wenn *wir* den Menschen von Gottes Barmherzigkeit erzählen und diese spürbar machen, nur dann können sie in ihrem Leben diese Barmherzigkeit und Vergebung erfahren. Es geht nicht darum, dass wir das Recht hätten, irgendjemanden von der Vergebung auszuschliessen, wie es Teile der Kirche tun. Vielmehr spricht der Satz uns die Bedeutung unseres Tuns zu, bis heute.

Wir sind für Gottes «Plan Barmherzigkeit» existenziell und unersetzbar. Das betrifft uns alle als Christinnen und Christen, und schön ist es, wo diese Aufgabe auch zum Beruf wird: den Menschen mit der Liebe Gottes in Berührung zu bringen. Spüren wir die Einladung, ja den Auftrag zu diesem Dienst.

NACH DER KOMMUNION

Nach der Lawine haben wir gesucht, gesucht, gesucht – und haben erst geendet, als wir alle gefunden hatten. Ob wir als Christen auch so lange suchen?

2. Sonntag im Jahreskreis

IMPULS zum Evangelium: Joh 1,29–34

Wir hören heute im Evangelium das Bekenntnis des Johannes: «Seht das Lamm Gottes». Denken wir dabei an die Aussage des Zacharias über diesen Johannes: «Und du, Kind, wirst Prophet des Höchsten heissen, denn du wirst dem Herrn vorangehen ... Du wirst sein Volk mit der Erfahrung des Heils beschenken» (Lk 1,76).

Wir betrachten christliches Leben immer als Nachfolge Jesu Christi. Unsere Bischöfe verstehen sich als Nachfolger der Apostel, der Papst sich in einem historischen Titel sogar als «Stellvertreter Christi» auf Erden.

Wo aber sind heute die Nachfolger und Stellvertreter des Johannes? Wo sind die Menschen, die andere mit der «Erfahrung des Heils beschenken» und dem Herrn vorangehen? Berufung heisst, Zeugnis abzulegen in Wort und Tat und dadurch andere mit Christus in Berührung zu bringen. Wir brauchen sie auch heute in allen Diensten und Ämtern der Kirche: Johannesse und Johannas. Beten wir darum, selbst zu Prophetinnen und Propheten des Höchsten zu werden.

3. Sonntag im Jahreskreis

IMPULS zum Evangelium: Mt 4,12–23

Kommt, ihr Fischer, ich werde euch zu Menschenfischern machen. Das ist die Berufung der ersten Jünger. Eine Umkehrgeschichte? Ja, euer Leben soll künftig anders werden. Und doch geht es gerade dabei nicht um einen Bruch mit der eigenen Geschichte, sondern um ein Hineinnehmen eigenen Könnens in eine neue Wirklichkeit: Werdet, was ihr seid. Bringt mit, was ihr gelernt habt.

Wir haben den Satz «Kehrt um» in der Kirche zumeist mit einem moralischen Imperativ verbunden. Im heutigen Evangelium taucht dieser moralische Imperativ in der einzelnen Berufung der Jünger gar nicht auf. Es geht dort nicht um Menschen, die moralisch falschliegen, sondern es geht um eine grundsätzliche Neuausrichtung des Lebens. Nicht Sünder werden hier berufen, sondern Fischer werden zu Menschenfischern gemacht. Immer wieder sind wir auf der Suche nach dem Sinn des Lebens, und es wäre jeden Tag die Aufgabe, sich – besser gesagt: sein Können – neu auszurichten:

Ihr seid Banker, Geldhüter – ich will euch zu Menschenhütern machen.

Ihr seid Polizistinnen, Schutzleute – ich will euch zu Schöpfungsschützerinnen machen.

Ihr seid Pflegefachpersonen in Gesundheitsberufen – helft mir, dass die Welt gesundet.

4. Sonntag im Jahreskreis

IMPULS zum Evangelium: Mt 5,1–12a

Die Seligpreisungen können leicht gedeutet werden als eine Vertröstung auf später. Doch genau gelesen taucht zweimal kein Futur auf, sondern ein Präsens: *Selig, die arm sind vor Gott, denn ihnen gehört das Himmelreich. Selig, die verfolgt werden, denn ihnen gehört das Himmelreich.*

Die Seligpreisungen sind also keine trostvolle Verheissung für eine ferne Zukunft. Sie sind eine Erklärung, worin wir Glück und Zufriedenheit finden – hier und heute.

Was heisst es dann, seine Berufung zu leben? Papst Franziskus formulierte 2016 in Schweden: «Wir sind berufen, Selige zu sein, Anhänger Jesu, indem wir den Leiden und Ängsten unserer Zeit mit der Gesinnung und der Liebe Jesu begegnen.» Dies ist unser aller Berufung und der Kern einer Berufung zum kirchlichen Dienst.

5. Sonntag im Jahreskreis

IMPULS zum Evangelium: Mt 5,13–16

Ihr seid das Salz der Erde – was, wenn das Salz seinen Geschmack verliert? So werden wir heute im Evangelium gefragt. Nur: Salz *kann* seinen Geschmack nicht verlieren – chemisch ist das unmöglich. Besser übersetzt hiesse es: «Wenn aber das Salz seine Fähigkeit verliert ...». Worin besteht nun die Fähigkeit des Salzes? Am Sabbat, dem Ruhetag, war das Kochen verboten. Deshalb wurde am Vortag gekocht. Dann wurde eine dicke Schicht Salz angehäuft, die die Hitze hielt und so als Wärmespeicher diente. Schauen wir nicht auf den Geschmack des Salzes, sondern auf seine Fähigkeit, Wärme zu speichern, dann sehen wir, wie Salz und Licht zusammenhängen: So wie Salz Wärme bewahrt und abstrahlt und wie eine Lampe Licht abstrahlt, so sollen wir Christi Liebe abstrahlen. Und genauso, wie Salz die Wärme nicht erzeugt, sondern sie nur weitergeben kann, so können auch wir die Liebe nicht erzeugen, sondern nur bewahren und weiterschenken. Das ist die Berufung zum Christsein: Gottes Wärme und Licht füreinander zu bewahren. Das ist die Berufung zu einem Dienst in der Kirche – salopp: die Botschaft Christi warmzuhalten und immer neu einleuchtend werden zu lassen.

6. Sonntag im Jahreskreis

IMPULS zum Schuldbekenntnis

Jeder sonntägliche Gottesdienst beginnt quasi mit dem Schuldbekenntnis. Ein solches Bekenntnis kann aber nur gelingen, wenn wir aus uns heraus spüren, was gut und was falsch ist. Warum können wir das? Weil wir als Ebenbilder Gottes geschaffen sind und so eine Sehnsucht auf dieses Bild hin in uns tragen. Wir haben ein Bild vom Gut-Sein und vom Heil-Sein.

Warum also schauen wir auf das, was falsch gelaufen ist? Jeder Ski- oder Motorradfahrer lernt es gleich zu Beginn: Wo wir hinschauen, dahin fahren wir. Und wenn wir uns fragen, warum Auffahrunfälle auf dem Seitenstreifen passieren – dann eben deshalb: Wenn wir ein Hindernis fixieren, werden wir genau dahin fahren.

Es geht nicht darum, eigene Schuld und Unzulänglichkeit zu leugnen, wenn wir heute für einmal statt auf unsere Schuld dahin schauen, wo wir hinwollen: auf unsere Sehnsüchte und Hoffnungen – in ihnen steckt unser ganz persönlicher Anruf Gottes. Alle Berufung, auch die geistliche, erwächst aus Sehnsucht – spüren wir ihr nach.

7. Sonntag im Jahreskreis

IMPULS zum Evangelium: Mt 5,38–48

Klemens I. († 101) schreibt in seinem zweiten Brief an die Korinther: «Wenn die Völker aus unserem Mund die Worte Gottes hören, staunen sie, wie gut und erhaben diese Werke sind. Wenn sie dann aber erkennen, dass unsere Taten nicht den Worten entsprechen, die wir reden, gehen sie zum Lästern über und sagen, Gottes Worte seien Fabelei und Trug. Denn wenn sie von uns hören, dass Gott gesagt hat: ‹Ihr erhaltet keinen Dank, wenn ihr nur die liebt, die euch lieben; sondern ihr empfangt Dank, wenn ihr eure Feinde liebt, die euch hassen› (vgl. Lk 6,32.35); wenn sie es hören, staunen sie über die erhabene Güte. Wenn sie aber sehen, dass wir nicht nur jene nicht lieben, die uns hassen, sondern nicht einmal jene, die uns lieben, dann verlachen sie uns, und der Name Gottes wird gelästert.»*

Diese Worte begleiten die Kirche seit fast 2000 Jahren. Vielleicht beginnt alle Berufung damit, dass wir begreifen, dass unser Leben mehr verkündet, als es unsere Worte tun.

(* nach: Lesehore vom Donnerstag der 34. Woche II)

8. Sonntag im Jahreskreis

Impuls zum Evangelium: Mt 6,24–34

Sorgt euch nicht um euer Leben – Dieses Evangelium ist eine Zumutung; ja, an manchem Ort wirkt es gar zynisch. Wie geht es mit dem Text wohl dem Krebskranken, der bald seine Familie alleinlassen muss? Der Alleinerziehenden, die die Kleidung der schnell wachsenden Kinder nicht bezahlen kann? Den Eheleuten, die ihre Beziehung sterben sehen?

Das Evangelium ist eine Zumutung, doch es will eigentlich vor allem eine ZuMUTung sein. Wir geraten immer wieder in Situationen, die uns Sorgen bereiten. Aber Jesus mutet uns zu, macht uns Mut, uns nicht erdrücken und herunterreissen zu lassen von unseren Sorgen.

Nach Auskunft der Berufsberater scheitern die meisten Wünsche, einen kirchlichen Beruf zu ergreifen, daran, dass die meisten Beratenen zu viele Verpflichtungen haben und Sorge um die Zukunft. Wir spüren eine Berufung, aber ... Das mag auch für viele andere Sehnsüchte gelten. Dieses Evangelium will Mut schenken, nicht unbedacht und blauäugig, aber zuversichtlich und mutig Fremdes zu wagen und dem Ruf und der Sehnsucht zu folgen.

9. Sonntag im Jahreskreis

IMPULS zum Evangelium: Mt 7,21–27

Die Kirche tut viel – in ihrer Seelsorge, ihrer Diakonie, ihrem politischen Wirken. Wir dürfen stolz auf das Erreichte sein. Bleibt die Frage: Aus welcher Motivation handeln wir?

«Wozu sind wir auf Erden?» Die Antwort auf diese bekannte erste Frage des Katechismus lautet nach dem Standardkatechismus von Joseph Deharbe SJ (1847): «Wir sind auf Erden, um Gott zu erkennen, ihn zu lieben, ihm zu dienen und dadurch in den Himmel zu kommen.» In dieser Antwort taucht der/die andere, unser Mitmensch gar nicht auf. Das aber ist es, was Jesus im heutigen Evangelium anmahnt. Wenn wir Grosses tun, weil wir es «für Gott» tun, ohne den Mitmenschen zu sehen, dann sind wir im Evangelium als Gesetzlose benannt. Denn das eine Gesetz ist uns gegeben: *Liebt einander.*

Wozu also sind wir auf Erden? Um liebende Menschen zu werden. So einfach und so schwer zugleich ist die Antwort auf die Urfrage des Katechismus. So leicht ist auch die Prüfung einer eigenen Berufung zu einem kirchlichen Dienst: Berufung beginnt damit, den anderen und die andere lieben zu lernen – und darin endet dieser Anfang wohl nie.

10. Sonntag im Jahreskreis

IMPULS zum Evangelium: Mt 9,9–13

Ich bin nicht gekommen, Gerechte zu rufen, sondern Sünder. So heisst es heute im Evangelium. Nun könnte man ja verstehen, wenn Jesus diesen Sündern ins Gewissen reden würde. Aber kein Wort davon: kein Vorwurf! Er lässt sich von ihnen zum Essen einladen! Ein Wagnis für beide Seiten. Würde sich ein Bischof von einem Zuhälter einladen lassen, weil dieser zum Glauben gefunden hat? Vielleicht nach einigen Jahren, wenn es ganz sicher ist und jeder es mitbekommen hat. Aber sofort? *Barmherzigkeit will ich, nicht Opfer! Zuwendung zum Mitmenschen will ich, nicht perfekte liturgische Vorschriften; Menschlichkeit will ich, nicht Paragraphen.*

Aber es geht weiter: Diese Zöllner, Sünder, Sünderinnen, sind «heilbare Kranke» – gesund gemacht durch Zuwendung, durch den «Arzt Jesus». Doch provoziert sind nun die «Anständigen», die «unheilbar Gesunden». «Mein Leben lang habe ich mich bemüht, die Gebote zu erfüllen; ich bin jeden Sonntag in die Kirche gegangen. Und jetzt muss ich erfahren, dass auch diese Gauner von Gott geliebt sind! – Das akzeptiere ich nicht.» Berufung beginnt damit, sich darüber im Klaren zu sein, wer gerufen ist: nicht die unheilbar Gesunden, sondern die Heilsbedürftigen.

11. Sonntag im Jahreskreis

IMPULS zum Evangelium: Mt 9,36 – 10,8

In der Coronakrise 2020 konnte man lesen: «Wegen des Coronavirus und der damit verbundenen Einreisebeschränkungen fehlen den Bauern ausländische Saisonarbeiter.» Wenn der Grund für fehlende Erntehelfer immer so einfach wäre! Bei manchen Ernten sind einfach keine Arbeiter zu finden. *Bittet also den Herrn der Ernte, Arbeiter für seine Ernte auszusenden.* Dieser Satz aus dem heutigen Evangelium scheint an Dringlichkeit kaum zu überbieten.

Aber beten wir gleich weiter, damit es nicht *so* kommt, dass der Herr der Ernte Arbeiter schicken möchte und auch Arbeiter und Arbeiterinnen in ausreichender Zahl hätte – dass diese aber wie zu Coronazeiten durch Vorschriften und Einreiseverbote nicht zugelassen werden. Es wäre ja nicht auszudenken, wenn der Herr der Ernte am Ende Frauen oder verheiratete Arbeiter rufen würde und die nicht zum Einsatz kämen, weil Traditionen und Vorschriften dagegenstehen. Deshalb beten wir darum, dass der Herr der Ernte sich nicht nur um Arbeiter und Arbeiterinnen kümmert, sondern dass er darüber hinaus gegen alles angehen wird, was ihrem Einsatz entgegensteht.

12. Sonntag im Jahreskreis

IMPULS zum Evangelium: Mt 10,26–33

Fürchte dich nicht, heisst das Leitwort des heutigen Evangeliums. Ein kleines Kind sitzt im Schwimmbad am Beckenrand, und die Mutter ruft ihm aus dem Becken zu: «Spring, ich fange dich auf! Hab› keine Angst, ich halte dich schon!» Wer sagt dem Kind, dass es wirklich so ist? Und doch wird dieses Kind – vielleicht zögerlich Anlauf nehmend und wieder abbrechend – es irgendwann einmal ausprobieren. Und wenn es gesprungen ist, wenn es dann aufgefangen wurde, wenn es gespürt hat, wie toll das sein kann, sich ganz auf einen anderen verlassen zu können, wenn es in den Armen der Mutter gelandet ist, dann hört man nicht selten: «Mama, noch einmal!»

Wer das einmal selbst erlebt hat, wird vielleicht Bademeister*in oder Seelsorger*in, denn im heutigen Evangelium ist es Gott, der – ganz ähnlich der Mutter im Schwimmbad – seinen Kindern zuruft: *Springt doch, ich fange euch auf!*

13. Sonntag im Jahreskreis

IMPULS zum Evangelium: Mt 10,37–42

Eine Übung zur Berufung: Sie gehen in ein Fitnessstudio und schalten dort ein Laufband ein, während Sie daneben stehen, halten sich gut am Gerät oder an der Wand fest und versuchen dann, ganz langsam auf das laufende Band zu treten. Sie werden fallen. Bitte nicht versuchen!

Erkenntnis für die Berufung: Es geht nur eines – in der Sicherheit der alten Welt zu bleiben oder die neue Bewegung zu wagen.

Was ist mir wichtig im Leben? Auf diese Frage antworteten 85 Prozent: gute Freunde. 80 Prozent: die Familie, 75 Prozent: eine glückliche Partnerschaft – nur 24 Prozent: eine feste Glaubensüberzeugung.

Das Evangelium spricht etwas an, was heute kaum mehr nachvollziehbar ist: Wer Christ wurde, musste damit rechnen, von seinen nächsten Verwandten und Freunden verstossen zu werden.

Was wäre mir wichtiger? Diese Frage kann auch auf Schulhöfen und an Arbeitsstätten auftauchen – bekenne ich mich zum Glauben auch dann, wenn ich deshalb verlacht oder abgelehnt werde? Berufung und Nachfolge heisst, sich seiner Prioritäten bewusst zu werden.

(Quellen: Allensbacher Markt- und Werbeträgeranalyse [AWA] 2019, Statistica 2020)

14. Sonntag im Jahreskreis

IMPULS zum Evangelium: Mt 11,25–30

Im heutigen Evangelium wird gesagt, dass Gottes Offenbarung die Unmündigen erfüllt und den Weisen verborgen bleibt. Ungern bezeichnen wir uns als unmündig. Was heisst, unmündig zu sein? Wir verstehen unter Unmündigkeit, keine rechtsverbindlichen Aussagen treffen zu können. Kinder sind unmündig, manche Menschen haben einen Vormund.

Der Unmündige ist – anders gesagt – angewiesen auf eine andere Person. Aber Vormund kommt nicht von «Mund» als Körperteil, sondern vom urgermanischen Wort «mundo»: «Schutz». Der Vormund redet nicht für den anderen, er schützt den anderen. Unmündig zu sein, heisst, um seine bleibende Schutzbedürftigkeit zu wissen. So heisst es ja auch weiter: *Kommt alle zu mir, die ihr mühselig und beladen seid.*

In diesem Sinn ist es die Berufung unserer Kirche, nicht für oder gar über den anderen entscheiden zu wollen, sondern Schutz zu schenken – es ist die Berufung, insbesondere im kirchlichen Amt, sich der eigenen Unmündigkeit, der eigenen Schutzbedürftigkeit, bewusst zu bleiben.

15. Sonntag im Jahreskreis

IMPULS zum Evangelium: Mt 13,1–23

Smart Farming heisst die Technologie, in der ertragsoptimiert gesät wird. Dafür wird das Feld per GPS vermessen und die optimale Saatkornverteilung berechnet. Die Sämaschine, die dank GPS auf 2,5 cm genau «weiss», wo sie sich befindet, bringt die einzelnen Saatkörner entsprechend der Aussaatkarte in den Boden.

Welcher Bauer kann sich heute erlauben, so zu säen, wie es im Evangelium beschrieben wird – dass ein Grossteil der Saat verdorrt? Dazu ist das Saatgut viel zu teuer.

Aber das ist ja nur ein Gleichnis – oder haben wir das Smart Farming auch in der Kirche übernommen? Reden wir nur noch da von Gott, wo wir mit einer guten Ernte rechnen? Auch unsere Ressourcen werden schliesslich knapper – aber kann man Seelsorge ertragsoptimieren? Berufung kann ich nicht fördern, wenn ich immer nur den gleichen Acker bewirtschafte und auf den Ertrag hoffe. Ich muss bereit sein, die Saat auch dahin zu streuen, wo ich wenig Ertragschancen sehe – und vielleicht werde ich überrascht sein, was dort zu wachsen beginnt.

16. Sonntag im Jahreskreis

IMPULS zum Evangelium: Mt 13,24–43

Beim heutigen Evangelium vom Weizen und vom Unkraut kann einem diese Geschichte in den Sinn kommen: Ein Kind soll im Garten helfen, Unkraut zu jäten. Der Säuberungsaktion sind nicht nur Gras und Löwenzahn, sondern auch die Radieschen und der Schnittlauch zum Opfer gefallen. Das Erkennen von Nutzpflanzen und von Unkraut ist eben kein Kinderspiel. – Aber die Bibel spricht natürlich nicht von der Gartenarbeit. Und anders als bei den Pflanzen scheint uns die Einteilung bei Menschen in «nützlich» und «hinderlich» bisweilen offensichtlich einfacher.

Aber genau davor warnt die Botschaft Jesu: Nein, es geht nicht um Nachsicht und Geduld, weil aus jedem etwas werden kann; es geht darum, einzusehen, dass wir hier und heute schlicht nicht erkennen, was der andere bereits ist – Berufung zu fördern, heisst Wachstum zu ermöglichen in jedem und jeder Einzelnen in unserer Pfarrei und unserer Kirche.

17. Sonntag im Jahreskreis

IMPULS zum Evangelium: Mt 13,44–52

Mit dem Himmelreich ist es wie mit einem Schatz, der in einem Acker vergraben war. Ein Mann entdeckte ihn und grub ihn wieder ein. In seiner Freude ging er hin, verkaufte alles, was er besass, und kaufte den Acker.

Das heutige Evangelium ist eine Berufungsgeschichte. Aber wir überhören leicht ihre Aussage, wenn wir auf der materiellen Ebene stehenbleiben: Der Mann verkauft seinen Besitz, um grösseren Besitz zu erwerben – er macht ein gutes Geschäft. Doch darum geht es nicht. Der Mann im Evangelium findet etwas, das ihm Freude bereitet – seine Freude lässt ihn handeln, nicht Berechnung. «Man muss finden, was man liebt. Haben Sie das noch nicht gefunden, dann suchen Sie weiter, lassen Sie nicht locker. Wie bei allen Herzensangelegenheiten werden Sie wissen, wenn Sie das Richtige gefunden haben», sagte Steve Jobs, der Apple-Gründer, 2005.

Der Mann hat genau dies gefunden – und er nimmt den Schatz doch nicht sofort an sich. Den Schatz wieder zu vergraben, heisst innezuhalten, der Freude nachzuspüren. Alles zu verkaufen, um den Schatz zu erwerben, heisst Entschiedenheit. Man muss finden, was man liebt. Das meint, seiner Berufung nachzuspüren.

18. Sonntag im Jahreskreis

Impuls zum Evangelium: Mt 14,13–21

In der Kirchengeschichte gab es immer wieder die Frage, in welchem Augenblick genau die Wandlung stattfindet – bei der Herabrufung des Geistes, bei den Einsetzungsworten oder gar beim Empfang der Hostie? Heute spricht man davon, dass der ganze Prozess konsekratorisch ist. Kurz: Man kann das Geschehen nicht an einem einzelnen Punkt festmachen.

Die gleiche Frage stellt sich bei der Brotvermehrung. Wann ist sie geschehen? Durch das Gebet Jesu? – Offensichtlich nicht, dann hätten es die Jünger schon beim Austeilen mitbekommen. Während der Austeilung? Im Verzehr? Auch dieses Geschehen ist nur als eine geheimnisvolle Einheit zu denken.

Und ebenso ist es mit jeder Berufung. Sie lässt sich in den seltensten Fällen an einem Einzelereignis festmachen – sie ist ein sich wandelnder Prozess. Nur wenn wir das begreifen, warten wir nicht auf den einen Augenblick, der alles verändert, sondern leben den Wandel und die Nachfolge Tag für Tag.

19. Sonntag im Jahreskreis

IMPULS zum Evangelium: Mt 14,22–33

Im heutigen Evangelium geht neben Jesus auch Petrus über das Wasser. Er folgt darin der Einladung Jesu, ihm entgegenzukommen. Und siehe: Das Wasser, Symbol des unermesslichen Lebens, trägt ihn! Im Vertrauen auf Jesus wagt Petrus das Unmögliche. Doch als er nicht mehr auf Jesus schaut, sondern auf den hohen Seegang, überfallen ihn Zweifel und er sinkt. Das Vertrauen auf Gott trägt – Angst führt zum Untergang. Jetzt kommt die eigentliche Pointe des Textes: Petrus schwimmt nicht zum Schiff zurück, sondern greift nach der Hand Jesu, die ihm auch sofort Halt gibt. Nicht im Boot ist Heil, sondern in Christus. Könnte es sein, dass manche Menschen, die in unserer Kirche über Bord gegangen sind, ihren Halt in der Liebe Gottes gefunden haben – auch ohne das Schiff?

Vielleicht kann man Berufung einmal ganz bildlich beschreiben: Wir sind nicht berufen, das Deck zu schrubben. Wir sind berufen, den Schritt auf das Wasser zu wagen.

MEDITATIONSIMPULS

Kirchlicher Notfallplan «Gegenwind»
1. Wir definieren: Man kommt nur mit unserem Schiff zum rettenden Ufer. Nur im Schiff ist Heil.
2. Der Wind mag wehen, wo er will, aber er darf uns nicht vom Kurs abbringen.
3. Bei jeder Form von Gegenwind ist der Anker zu werfen, damit das Schiff nicht abtreibt!

20. Sonntag im Jahreskreis

IMPULS zum Evangelium: Mt 15,21–28

Das heutige Evangelium kann uns etwas peinlich sein. Jesus reagiert in einer äusserst befremdlichen Weise. Einer Frau, die ihn um Hilfe bittet, antwortet er: *Es ist nicht recht, das Brot den Kindern wegzunehmen und den Hunden hinzuwerfen.* Völlig daneben.

Aber erst dann, wenn wir verstehen, dass Jesus genauso zu lernen hatte wie wir, dann heisst Nachfolge zuerst lernen und nicht lehren. Und in diesem Evangelium heute lernen wir von Jesus, wie er gelernt hat: Jesus hat nicht auf seinem Standpunkt beharrt – er hat sich den Argumenten der Frau geöffnet. Und das war nicht nur für die Tochter heilsam, es war auch für Jesus selbst heilsam, es hat ihm letztlich die Weite seiner Berufung erschlossen. Wir lernen daraus, dass es oft die Fremden, die Ungehörten, die Nicht-Ernstgenommenen sein können, die uns unsere Berufung vor Augen führen.

21. Sonntag im Jahreskreis

Impuls zum Evangelium: Mt 16,13–20

Als ein junger Mann für eine neue Stelle ins Ausland zog, gab ihm ein Freund einen Schlüssel mit und sagte: «Dies ist der Schlüssel meines Hauses. Wenn es bei dir nicht gut klappt und du einen Ort der Geborgenheit suchst, so kannst du jederzeit kommen. Du musst nicht fragen, du kannst auch nachts kommen, du hast den Schlüssel. Mein Haus steht dir jederzeit offen.»

Uns allen ist in der Taufe ein Schlüssel geschenkt, ein Schlüssel in die Wohnung Gottes, den uns niemand nehmen kann. Wir müssen nicht fragen, wir dürfen auch kommen, wenn wir lange nichts von ihm haben wissen wollen.

Damit aber stehen wir alle auch in der Funktion der Schlüsselträger. Jeder von uns hat die Möglichkeit, Menschen den Zugang zu Christus zu erschliessen oder zu versperren. In besonderer Weise laden die kirchlichen Dienste in ihrer Vielfalt ein, den Menschen den Zugang zu Gott zu öffnen, ihnen die Botschaft zu erschliessen – eine Schlüsselaufgabe der Kirche.

22. Sonntag im Jahreskreis

IMPULS zum Evangelium: Mt 16,21–27

Wer sein Leben retten will, wird es verlieren. In der Betrachtung der Heiligen Schrift ist es immer wieder wichtig, zu erkennen, dass eine Handlung nicht dazu führt, dass «der liebe Gott» darauf mit Strafe oder Geschenk reagiert, sondern dass in der Handlung die zweite Konsequenz, quasi die Nebenwirkung, bereits immanent ist.

Wenn ich mich nie in die Arme eines/einer anderen fallen lasse, kann ich nicht wissen, wie es sich anfühlt, aufgefangen zu werden. Wenn ich mein Leben, mein Herz nie verliere – an nichts oder niemanden –, kann ich den Reichtum eines von Liebe erfüllten Lebens nicht spüren. Und niemand würde vom Verzicht auf das Bargeld sprechen, wenn ich dafür etwas viel Wertvolleres kaufe – auch wenn ich danach kein Bargeld mehr habe.

Berufung heisst nicht Verzicht, sondern Einsatz der eigenen Mittel und Talente, um etwas Wertvolleres zu finden: Sinn im Leben, Leben in Fülle.

23. Sonntag im Jahreskreis

IMPULS zum Evangelium: Mt 18,15–20

Im heutigen Evangelium werden Anweisungen für den Gemeindealltag gegeben – ein Hinweis, dass die Worte nicht Aussagen des historischen Jesus sind, sondern dass vielmehr die frühe Kirche in Form eines Jesuswortes darlegt, was sie im gemeinsamen Gebet als den Willen Jesu erkannt hat.

Dabei tauchen zwei juristische Ausdrücke auf: «binden» und «lösen». «Binden» hiess: eine Verpflichtung erlassen, der sich alle zu fügen hatten. «Lösen» meinte: ein Verhalten als nicht-gesetzwidrig einzustufen (von diesem Gesetz zu lösen). Und diese beiden Aufgaben, die im Evangelium noch zwei Kapitel zuvor scheinbar exklusiv an Petrus delegiert wurden, werden nun den Gemeinden überantwortet – denn wo zwei oder drei in seinem Namen versammelt sind, ist Christus selbst in ihrer Mitte.

Das heisst aber auch, dass – was die katholische Kirche immer betont hat – nicht die Bibel allein Richtschnur ist, sondern auch das, was gelebte Kirche im Heiligen Geist als Wahrheit erkennt. Berufung kann nicht allein an den Ämtern der Vergangenheit gemessen werden, sondern Berufung ist das Erleben des Heiligen Geistes im Wandel der Zeit. Wir brauchen Berufungen zum Dienst in der Kirche; wir brauchen aber auch den Wandel der Ämter, um diesen Berufungen gerecht zu werden. Beten wir darum.

24. Sonntag im Jahreskreis

IMPULS zum Evangelium: Mt 18,21–35

Wir kennen den Text des heutigen Evangeliums wahrscheinlich alle: Ein König erlässt seinem Knecht die Schuld, dieser seinerseits aber nicht seinem Schuldner, obwohl es eine viel kleinere Summe ist. Und wir beten: «Vergib uns unsere Schuld, wie auch wir vergeben unseren Schuldigern.»
Nur:
1. Die Schulden des Knechtes beim König können niemals gerecht zustande gekommen sein – es wären nach heutigen Massstäben neun Millionen Tageslöhne.
2. Der König hatte die Schuld erlassen – da kann er sie nachher nicht erneut einfordern.
3. Der Verkauf der Frau des Schuldners widerspricht damaligem Recht.

Der König wird, so betrachtet, plötzlich zum Willkürherrscher. Das ist natürlich nicht die Botschaft. Das Evangelium will vielmehr sagen: Gott vergibt und lädt ein, zu vergeben. Aber diese Betrachtung zeigt uns, wie schnell ein Bild missverständlich wird. Und so mag es auch mit manchen Bildern zur Nachfolge sein. Betrachten wir nicht nur, wie Nachfolge in der Kirchengeschichte ausgemalt wurde, sondern hören wir auf die Frohe Botschaft an uns in Gottes Anruf.

25. Sonntag im Jahreskreis

IMPULS zum Evangelium: Mt 20,1–16a

Nur keinen Neid – der Herr kann geben, was er will. Ein Evangelium, das uns auffordert, nicht neidisch zu sein? Nein, es geht nicht um den Lohn! Menschen suchen Arbeit. Arbeit sichert das Überleben. Finden sie schon morgens Arbeit, so sind sie erlöst von ihren Nöten. Andere finden keine Arbeit, sie stehen den ganzen Tag in ihren Sorgen. Wieder andere sind womöglich einfach zu faul, sie suchen gar nicht, sie leben vor sich hin, aber diese spüren auch das Gefühl der Erlösung nicht, das jene kennen, die den ganzen Tag im Weinberg stehen. Nicht der Lohn steht im Mittelpunkt des Evangeliums, sondern die Erlösung.

Wenn wir unseren Glauben verstehen als Arbeit, um in den Himmel zu kommen, dann bleibt der Lohn dafür ungerecht allen gegenüber, die später einsteigen. Wenn wir uns aber bereits in unserem Glauben erlöst fühlen, weil wir wissen, dass wir uns keine Sorgen mehr um unser Leben machen müssen, dann haben wir keinen Neid auf die, die vielleicht noch gar nicht auf der Suche sind, sondern Mitleid mit ihnen. Berufung heisst nicht, sich das Himmelreich zu erarbeiten; Berufung beginnt, wo ich die Freiheit von den täglichen Sorgen wahrnehme und daraus lebe und handle.

26. Sonntag im Jahreskreis

IMPULS zum Evangelium: Mt 21,28–32

Im heutigen Evangelium rechnet Jesus so richtig mit den Hohenpriestern und Ältesten ab. Und der eine oder andere wird vielleicht sogar etwas Schadenfreude empfinden. Oder womöglich haben wir Menschen vor Augen, die genauso sind, die das jetzt einmal hören müssten. Aber nein, nicht andere, wir sollen es hören!

Es ist nicht so, dass alle Verheissung *uns* gilt und alle Kritik den anderen. Wir dürfen uns der Kritik nicht entziehen oder glauben, wir stünden immer schon auf der richtigen Seite, weil wir ja wenigstens überhaupt noch in die Kirche kommen.

Die Auseinandersetzung mit der eigenen Berufung fängt an, wo wir uns Menschen stellen, die uns nicht nur loben, sondern den Mut haben, auch unangenehme Dinge zu sagen.

27. Sonntag im Jahreskreis

IMPULS zur Ersten Lesung und zum Evangelium:
Jes 5,1–7 / Mt 21,33–44

Jesus erzählt heute im Gleichnis, wie ein Weinbergbesitzer seinen Weinberg dem ungeratenen Pächter wegnimmt und einen neuen Pächter einsetzt. Wir verstehen sofort die Spitze gegen das jüdische Volk. Der Weinberg wird ihnen genommen und anderen gegeben: den Christen eben.

Nur ist das Evangelium kein Geschichtsbuch, sondern eine Botschaft an jede und jeden von uns, und es stellt die Frage, ob wir die erwarteten Früchte abliefern können: Ein Glaube, der schöne Gottesdienste feiert, aber keine Veränderung in der Welt bewirkt, trägt keine Früchte.

Die Früchte, die Gott sucht, werden im Weinberglied der heutigen Lesung benannt: ein Einsatz für Gerechtigkeit an der Seite derer, die am Rande der Gesellschaft stehen, an der Seite der Ausgegrenzten, ein Eintreten für Barmherzigkeit und Menschlichkeit.

Wenn wir Menschen für die Berufung zum kirchlichen Dienst begeistern wollen, dann ist die Aufgabenbeschreibung nicht, den Weinberg schön sauber zu halten, sondern ihn fruchtbar werden zu lassen für die Welt.

28. Sonntag im Jahreskreis

IMPULS zum Evangelium: Mt 22,1–10

Hochzeiten waren grosse mehrtägige Feste. Von einer solchen Hochzeit ist heute die Rede. Aber die Eingeladenen sagen ab, sodass der Vater des Bräutigams stattdessen alle einlädt, die sich irgendwie auf der Strasse finden lassen. Was für ein fantastisches Bild für das Reich Gottes, denn es wird nicht unterschieden nach Gut und Böse – jeder ist eingeladen.

Spannend aber ist der, der ohne Hochzeitsgewand dasitzt. Was soll diese Erwähnung aussagen? Ein Kenner des Judentums erklärt dazu, dass ein solches Gewand am Eingang zu haben gewesen wäre, dass er es also bewusst nicht getragen hat. Das hiesse, dass er in seiner Kleidung zum Ausdruck bringen wollte, dass er diese Form der Feier, dass er diese Durchmischung, in der alle eingeladen sind, ablehnt. Seine Kleidung war ein Protest. Und wenn es heisst, dass der Gastgeber ihn gefesselt und hinausgeworfen hat, so ist dies doch nur das Bild dafür, dass ein solcher Mensch immer schon in seinen eigenen Vorstellungen gefangen und von der Freude des Festes Gottes fern ist. Berufung heisst: die Freude daran zu teilen, dass alle eingeladen sind zum Fest des Herrn. Nur wer diese Freude in sich spürt, sollte einen kirchlichen Dienst übernehmen.

29. Sonntag im Jahreskreis

IMPULS zum Evangelium: Mt 22,15–21

Gebt dem Kaiser, was dem Kaiser gehört, und Gott, was Gott gehört. So hören wir heute Jesu Antwort auf die Frage nach der Berechtigung von Steuern. Genau genommen steht da übrigens nicht «gebt», sondern apódote: «Gebt zurück».

Wenn wir einmal den steuerlichen Hintergrund ausblenden, so ist die Aussage Jesu heute der Massstab aller Berufung. Es geht nicht darum, sich in der Nachfolge aus der Welt zu verabschieden. Gebt der Gesellschaft (zurück), was die Gesellschaft braucht, was ihr von ihr bekommen habt, aber zugleich gebt Gott, was ihr von ihm bekommen habt.

Gott zu geben, was er uns zuerst gegeben hat, bedeutet letztlich, Nächstenliebe, Nachsicht und Hilfsbereitschaft zu wagen. Berufung ist nicht die Entscheidung zwischen Gott oder der Welt, sondern die Entschiedenheit in der Nachfolge für Gott und für die Welt.

30. Sonntag im Jahreskreis

Impuls zum Evangelium: Mt 22,34–40

Welches ist das wichtigste Gebot? Du sollst Gott lieben und du sollst deinen Nächsten lieben. Diese beiden Gebote wären wahrscheinlich unser aller Antwort. Jede Nachfolge bedarf beider Teile. Es gibt weder eine Berufung, nur Gott zu dienen, aber den Mitmenschen nicht wahrzunehmen, noch eine Nächstenliebe, ohne Gott zu lieben.

Aber diese Erkenntnis ist in unserer Übersetzung etwas versteckt. Da heisst es: *Ebenso wichtig ist das zweite Gebot.* Wörtlich steht da: *Das zweite Gebot ist dem ersten gleich.* Es hat nicht nur den gleichen Wert, es hat auch den gleichen Inhalt, es erklärt das erste eigentlich. Wer den Nächsten liebt, liebt Gott – Christus sagt: *Ich war hungrig, und ihr habt mir zu essen gegeben.*

Oft bedauern wir, dass Menschen sich sozial, aber nicht kirchlich engagieren – unsere Aufgabe wäre es, zu erkennen, dass all jene gemeinsam mit uns in der Nachfolge stehen und wir an ihrer Seite unseren Dienst als Kirche leisten. Diese Gemeinschaft würde auch Berufungen zum kirchlichen Amt fördern – gemeinsam statt einsam.

31. Sonntag im Jahreskreis

IMPULS zum Evangelium: Mt 23,1–12

Im Evangelium kritisiert Jesus die Pharisäer. Aber er tut dies so bildreich, dass wir sogleich Bilder unserer eigenen Kirche vor Augen haben: die tollen Kleider und die Suche nach den Ehrenplätzen. Es gipfelt in der Aussage, niemand möge sich auf Erden Vater nennen lassen.

Nicht nur, dass wir einen Heiligen Vater haben; nein, in jedem Pater – oder englisch: Father – bezeichnen wir Priester als Vater. Das heutige Evangelium ist eine Fundamentalkritik der kirchlichen Wirklichkeit.

Aber die eigentliche Botschaft steckt im Anfang des Evangeliums, wo es heisst: *Tut, was sie euch sagen, aber folgt nicht ihren Taten.* Man kann der Kirche viele Versäumnisse vorwerfen, aber doch hat sie über 2000 Jahre die Botschaft Jesu weitergetragen, die Botschaft, durch die wir erst erkennen, dass das, was wir daraus gemacht haben, ihr nicht mehr entspricht. Dennoch wurde die Botschaft nie verändert, und wir brauchen auch heute Menschen, die diese Botschaft unverkürzt weitergeben.

32. Sonntag im Jahreskreis

IMPULS zum Evangelium: Mt 25,1–13

Wenn das Evangelium für Sie eine Frohbotschaft ist, dann dürfen Sie sich offensichtlich zu den Schlauen zählen. Ein schwieriger Text. Nicht die Bösen werden bestraft, sondern die Dummen. Wirklich?

Etwas wurde vergessen für den Empfang – unerheblich, was. Menschlich versucht man, den Fehler auf andere abzuschieben: *Gebt ihr uns von eurem Öl*. Aber das geht nicht. Wahrscheinlich mit einer gehörigen Wut im Bauch versuchen die Personen in der Bibel, ihren Fehler selbst wiedergutzumachen. Sie gehen fort. Der Bräutigam kommt, und sie sind nicht da.

Stellen wir uns doch einmal vor, sie versuchten nicht in vermessener Selbstgefälligkeit, den Fehler allein zu berichtigen, sondern vertrauten auf die Nachsicht. Diejenigen ohne Öl rennen nicht zum Händler, sondern brechen sich am Wegrand ein paar Palmzweige ab. Würde der Bräutigam, wenn er von zehn Frauen empfangen wird, fünf mit Lampen, fünf freudig mit Palmenzweigen winkend, jemanden weggeschickt haben? Das ist die Botschaft des Textes: Wer glaubt, alles allein zu schaffen, nicht angewiesen zu sein auf Nachsicht, der wird am Ende der Dumme sein.

Die Berufung zum kirchlichen Dienst beginnt mit dem Satz: «Ich bin bereit», nicht mit: «Ich bin toll.»

33. Sonntag im Jahreskreis

IMPULS zum Evangelium: Mt 25,14–30

Ein Mann, der auf Reisen ging, vertraute seinen Dienern sein Vermögen an. – Was ist uns da eigentlich anvertraut? Wir hören «Talente» und meinen schnell unsere Talente, Fähigkeiten, unser Leben. Aber unser Leben ist uns nicht treuhänderisch übergeben, unser Leben ist uns geschenkt. Gott vertraut uns etwas anderes an. Menschen! Jedem von uns vertraut er sein Wertvollstes an, Menschen. Dem Partner die Partnerin, Eltern die Kinder und uns allen all jene, die allein nicht zurechtkommen, deren Los in unseren Händen liegt.

Gott vertraut uns Menschen an. Und nun können wir in diese Beziehungen investieren oder sie begraben, uns gegenseitig bestehlen, aber auch beschenken. Gott baut darauf, dass wir den Mut haben, für den anderen zu investieren. Er weiss, dass wir einander nicht immer die höchste Rendite bringen, dass wir Fehler machen. Aber es reicht ihm, wenn wir gemeinsam Schritt für Schritt einander und der Fülle des Lebens näherkommen.

Das ist auch die Aufgabe der Seelsorge, und wenn es auch etwas für Sie ist, folgen Sie der Berufung: *Komm, nimm teil an der Freude des Herrn.*

Christkönigssonntag

IMPULS zum Evangelium: Mt 25,31–46

Seelsorgestellen werden ausgeschrieben und Anstellungsprofile dafür erarbeitet. Was soll der Seelsorger oder die Seelsorgerin leisten? Jesus benennt heute im Evangelium sein Anforderungsprofil: *Ich war hungrig und ihr habt mir zu essen gegeben; ich war durstig, und ihr habt mir zu trinken gegeben; ich war fremd und ihr habt mich aufgenommen; ich war nackt und ihr habt mir Kleidung gegeben; ich war krank und ihr habt mich besucht; ich war im Gefängnis und ihr seid zu mir gekommen.*

Da taucht nicht auf: «Ich habe die Glocke geläutet, und ihr seid in die Kirche gekommen.»

Die Berufung zum Christen und besonders die Berufung zum Dienst in der Kirche ist ein Ruf zum anderen; wirklicher Gottesdienst ist Menschendienst. Beten wir für alle, die diesem Ruf folgen.

Dreifaltigkeitssonntag

IMPULS zum Fest

Der Dreifaltigkeitssonntag ist besonders geeignet, über eine Berufung zum kirchlichen Dienst und unser kirchliches Selbstverständnis nachzudenken.

Die Kirche ist hierarchisch verfasst. Hierarchie kommt vom griechischen «hieros arché»: heiliger Anfang. Nichts aber, was von einer einzelnen Person abgeleitet wird, kann von sich behaupten, einen heiligen Anfang zu haben. Denn im Dreifaltigkeitsfest liegt die Erkenntnis, dass Gott bereits im Anfang dreipersonal ist und dass deshalb nicht eine einzelne Person die Spitze der Hierarchie sein kann.

Zudem ist der Heilige Geist, jene Ruach, die weibliche Dimension im göttlichen Geschehen. Gott «Schöpfer», der nach eigenem Bekunden männlich *und* weiblich ist, sein Sohn, der männlich ist, und der weibliche Geist, wären gleichberechtigte Akteure in einer geschlechtergerechten Kirche. Keine andere Struktur hat einen heiligen Anfang, eine wahre Hierarchie.

Beten wir darum, dieses Geheimnis Gestalt werden zu lassen, denn nur so werden die Berufungen von Frauen und Männern zum Dienst in der Kirche ihren Raum finden.

Fronleichnam

IMPULS zum Fest

Die belgische Nonne Juliana von Lüttich hatte im 13. Jahrhundert Visionen, die sie auf das Altarsakrament bezog, und bat den Bischof von Lüttich, ein eigenes Hochfest zu Ehren der Eucharistie zu benennen. Dies geschah 1246. 20 Jahre später wurde es gesamtkirchlich gefeiert. Das Fest steht dabei in einer engen Bindung an den Gründonnerstag, die Erinnerung an das letzte Abendmahl.

Vielleicht ist es auf den Heiligen Geist direkt zurückzuführen, dass wir am Gründonnerstag, beim letzten Abendmahl, nicht das Evangelium mit den Einsetzungsworten lesen, sondern jenes von der Fusswaschung, und dass am Fest der Eucharistie, Fronleichnam, sich Prozessionen durch Stadt und Land etabliert haben. Kein anderes Fest ist so stark mit Bewegung verbunden wie dieses.

Und darin ist alle Berufung beschrieben: Eucharistie, Danksagung, ist – wie die Fusswaschung – ein Tun am Nächsten: Das Fest der Eucharistie, Fronleichnam, will in Bewegung bringen. Berufung heisst Nachfolge, Nachtun, nicht Nachsitzen.

HINWEIS

In den Orationen des heutigen Tages hören wir im Tagesgebet von der Vergangenheit, im Gabengebet von der Gegenwart und im Schlussgebet von der Zukunft.

Heiligstes Herz Jesu

IMPULS zum Evangelium: Mt 11,25–30

Auf einer grossen Ausfallstrasse am Rand der Stadt gibt es eine Tankstelle. Insbesondere sonntags ist dort die Hölle los, teilweise kommt es zu Staus. Und alle wollen tanken? Mitnichten. Sie kaufen im Tankstellenshop ein. Dieser Shop ist gut sortiert, bietet alles vom Grillfleisch bis zu Pampers, und das auch am Sonntag. Eigentlich eine schöne Sache – nur wenn man einmal tanken will, hat man ein Problem: Man erreicht die Säulen nicht, weil alles von den Einkäufern zugeparkt ist.

Bisweilen ist diese Tankstelle für mich das Sinnbild unserer Kirche: Wir haben viele Angebote für Kinder, Senioren, Bildung und Kultur, doch eigentlich sollten die Menschen bei uns auftanken können. Erreichen sie die Säulen noch?

Kommt alle zu mir, die ihr mühselig und beladen seid! Ich will euch erquicken. – Ich wünsche mir eine Seelsorge, die nicht nur Event-Management ist, sondern Ruhe schenkt und Seelsorgende, die diese Ruhe eröffnen und verkörpern. Die Berufung zur Seelsorge ist die Berufung zum Tankwart.

Allerheiligen

IMPULS zum Fest

In einer Andacht fragte einmal ein weiser Altbischof: «Kennen Sie Innozenz III.?» Die meisten Anwesenden, fast alles Theologen, mussten passen. «Kennen Sie Franz von Assisi?», fragte er weiter. Die Gesichter hellten sich auf, jeder kannte ihn.

Der Bischof fuhr fort: «Das ist die Wirkung des Heiligen Geistes in der Geschichte der katholischen Kirche: Innozenz und Franz haben weitgehend zur gleichen Zeit gelebt, und ohne Zweifel ruhte der Geist des Herrn so sehr auf Franz, dass wir dies heute noch wissen. Es gibt kein Vorrecht des Amtes auf den Geist, aber er wirkt zu jeder Zeit.»

Allerheiligen erinnert uns daran, dass viele Heilige dem Geist gefolgt sind und die Botschaft der Liebe in die nächste Generation getragen haben, unabhängig von Ämtern oder kirchlichen Positionen.

Allerheiligen ist das Fest, das uns vor Augen führt, dass auch wir berufen sind zur Heiligkeit, und wo immer die Nachfolge dabei in einen kirchlichen Dienst führt, ist das noch kein Privileg. Vielleicht fragt man in 300 Jahren: Kennen Sie N. N. und kennen Sie den Papst von vor 300 Jahren? – Schön, wenn man sich an Sie erinnern würde.

Lesejahr B
Petra Leist

1. Adventssonntag

IMPULS zu den drei Lesungen:
Jes 63,16b–17.19b; 64,3–7 / 1 Kor 1,3–9 / Mk 13,24–37

Ach, kämst du doch denen entgegen, die tun, was recht ist und nachdenken über deine Wege. – Dieser Seufzer, der heutigen Ersten Lesung nachempfunden, könnte unser eigener sein. Leicht überdecken alltägliche Pflichten den Ruf Gottes. Ängstlichkeit, einen Weg – vielleicht gerade im kirchlichen Umfeld – zu gehen, ist verständlich, viele tun es nicht. Gottes Entgegenkommen tut not. Doch liest man weiter, findet man Ermutigung in der hingebungsvollen Aussage *Wir sind der Ton, du bist unser Töpfer.* Das lässt uns darauf blicken, wie wir durch Begegnungen mit Gottes Boten und Botschaften geformt wurden und werden.

Auch der Zuspruch des Paulus an die Leute von Korinth in der Zweiten Lesung ist ein starkes Wort in unsere Unsicherheit hinein: *Euch fehlt keine Gnadengabe, ihr seid berufen.*

Und im Evangelium heisst es: *Er übertrug alle Verantwortung, jedem/jeder eine bestimmte Aufgabe.* Gegenstand des Gebetes wird sein, Gott um ein Zeichen zu bitten, welche die uns «bestimmte» Aufgabe sein mag. Die Adventszeit lädt ein, auf den je persönlichen Ruf zu lauschen.

LIEDVORSCHLAG
«Wir sehen viele Wege, doch welchen sollen wir gehen?» (KG 711)

2. Adventssonntag

IMPULS zu den drei Lesungen:
Jes 40,1–5.9–11 / 2 Petr 3,8–14 / Mk 1,1–8

Bahnt einen Weg durch die Wüste, baut in der Steppe eine ebene Strasse für unseren Gott! – Der Prophet Jesaja erinnert an das Werbevideo eines Finanzinstituts: «Wir machen den Weg frei!» Auf diesen Text bezieht Johannes der Täufer seine Umkehrpredigt.

Rufen zu Umkehr ist immer Rufen zu Hinkehr! Es geht nicht um ein Ausbremsen eines Weges, der vielleicht sogar Spass macht, sondern um ein Ausrichten. Eine kleine Zielkorrektur muss nicht (unbedingt) eine komplette Kehrtwende bedeuten. Das bisherige Leben braucht auch nicht als «falsch» betrachtet zu werden, aber möglicherweise war es unnötig hügelig oder mäandernd.

«Heiligkeit», wie sie im Zweiten Petrusbrief gefordert wird, besteht darin, den Willen Gottes zu suchen. Schiebt man dies auf oder verfolgt es nicht ernsthaft, darf man es durchaus bekennen. Die Menschen, die Johannes begegneten, erkannten, dass sie «heiliger» leben könnten, und wollten das jetzt mit der Taufe beginnen.

In der Kirche heute gibt es Unterstützung und Riten zur Hinkehr: Seelsorgende hören zu, begleiten, taufen; Sakramente vertiefen und stärken; in Erwachsenenbildung und Religionsunterricht werden Wege zum Verständnis der Wege Gottes geebnet.

3. Adventssonntag

IMPULS zu den drei Lesungen und zum Antwortpsalm: Jes 61,1–2a.10–11 / Lk 1,46–60.53–54 / 1 Thess 5,16–24 / Joh 1,6–8.19–28

Gott, der beruft, ist treu! – Diese Zusage aus dem Ersten Thessalonicherbrief ist am heutigen Gaudete-Sonntag allen Überlegungen voranzustellen. Die Adventszeit erscheint wie ein «Reset». Ist man das Jahr hindurch das Leben Jesu mitgegangen, mag man erschöpft sein im Bemühen, im Denken, im Dienst. Im Advent heisst es noch einmal kurz vor Kalenderjahresschluss: Auf, auf, auf! Zurück zum Anfang: Zurück auf «Los»!

Zur Erinnerung, worum es im christlichen Leben geht, hören wir Jesaja: *Er hat mich gesandt, damit ich den Armen eine frohe Botschaft bringe und alle heile, deren Herz zerbrochen ist, damit ich den Gefangenen Entlassung verkünde und den Gefesselten die Befreiung ...*

Unsere Ambitionen für eine bessere Welt werden oft gebremst durch anscheinend unüberwindbare Konstellationen. Da mag der Satz Mariens *Auf meine Niedrigkeit hat er geschaut* im Magnifikat Ansporn sein. Sie hat sich nicht auf ihre schwache Position zurückgezogen, sondern Ja gesagt zu Dingen, die sie kaum zu ahnen vermochte.

Treue, Veränderungswille, Position kann in der Kirche viele Gesichter haben, z. B. die von Entwicklungsfachleuten, Beraterinnen in Firmen oder Parteien, Bücherschreibern oder Journalistinnen. Die Herausforderung ist immer, sich nicht selbst für das Licht zu halten, sondern es durchzulassen.

4. Adventssonntag

IMPULS zu den drei Lesungen:
2 Sam 7,1–5.8b–12.14a.16 / Röm 16,25–27 / Lk 1,26–38

Du willst mir ein Haus bauen? – König David überlegt sich, dass er Gott etwas Gutes tun müsse; er selbst habe ein Haus aus edlem Holz, aber die Bundeslade – die Präsenz Gottes, das Allerheiligste – nur ein Zelt. Er handelt sich damit eine Zu-Recht-Weisung ein: Nicht er kann Gott etwas Gutes tun, sondern Gott ihm! Gott hat ihn aus seiner Familie und seinem Umfeld herausgerufen und in die Position gebracht.

Ein ähnliches Um-Denken ist bezüglich unserer «Gottesdienste» gefragt. Wenn wir hier zusammen sind, ist es nicht unser Dienst für Gott, sondern Gottes Dienst an uns; er tut uns gut, sie kommt uns nah. Treten wir in einen kirchlichen Dienst, so geht es nicht darum, Gott zu gefallen, sondern unser Gefallen an Gott anderen zu vermitteln.

Zudem ist es eine Freude, von Gott in Dienst genommen zu sein. Freude ist der Antrieb, und hinzu treten anfeuernde Zurufe wie *Gott gibt die Kraft* von Paulus an die Römer und *Fürchte dich nicht! Die Kraft des Höchsten wird dich überschatten* vom Engel an Maria.

Wenn wir einen Ruf hören, Gottes Botschaft unser Leben zu weihen, dann möge uns nicht Hasenfüssigkeit abhalten, aber auch nicht Hochnäsigkeit vom Weg abbringen.

Weihnachten (am Tag)

IMPULS zum Evangelium: Joh 1,1–18

Im Anfang war das Wort und das Wort war bei Gott ... Oder: «‹Im Anfang war das Wort!› Hier stock' ich schon! Wer hilft mir weiter fort?» So beginnt der Monolog von Goethes «Faust», nachdem zuvor schon dessen Ringen um die Erkenntnis seiner Berufung dargestellt wurde. Was hat er nicht alles studiert und ist so klug als wie zuvor. Die Berufung zu finden, scheint also weniger übers «Studieren» im Sinne des Nachdenkens zu gehen, sondern eher übers Probieren, also das Tun. Und auch Faust kommt darauf: «Mir hilft der Geist! Auf einmal seh' ich Rat. Und schreibe getrost: Im Anfang war die Tat!»

Und das Wort ist Fleisch geworden, sagt der Johannesprolog.

Monologe können in «Teufels Küche» führen; klug scheint also zu sein, Dialoge zu führen, Gespräche mit Vertrauenspersonen, die einem gut wollen, die keine eigenen Interessen verfolgen oder sogar unter Schweigepflicht stehen.

Später in Goethes Werk kommt die bekannte Gretchenfrage: «Sag, wie hältst du's mit der Religion?» Die Frage nach der Religiosität ist immer wieder die spannendste, intimste Frage in der Begegnung von Menschen. Wer etwas mit Kirche zu tun zu hat, ehrenamtlich oder beruflich, wird für viele Menschen Ansprechperson auch und gerade in ganz persönlichen Fragen.

Fest der Heiligen Familie

IMPULS zur Zweiten Lesung: Kol 3,12–21;
zum Evangelium: Lk 2,22–40

Ertragt euch und vergebt einander. In euren Herzen herrsche der Friede Christi: Dazu seid ihr berufen. Belehrt und ermahnt einander in aller Weisheit. Frauen ordnet euch unter, Männer seid nicht aufgebracht, Kinder gehorcht den Eltern, Eltern unterdrückt die Kinder nicht. – So realistisch und überraschend spricht der Kolosserbrief – an diesem Fest, das die Heilige Familie in fast heiler Welt zeichnet und die Lobgesänge von Simeon und Hanna hören lässt. Hier geht es um die gegenseitige Unterordnung, den Dienst am je anderen. Die Frau soll sich dem Mann unterordnen, aber genauso soll sich der Mann nicht über die Frau stellen (auf-gebracht sein). Ja, sogar das Gefälle zwischen Kindern und Eltern wird nivelliert: Kinder sollen gehorchen, aber Eltern auch nicht auftrumpfen!

Man spricht in anderen Zusammenhängen von wechselseitiger Loyalität; d. h. erwartet wird nicht nur von «Unteren», die Entscheidungen der «Oberen» mitzutragen, sondern auch von «Oberen», ihren «Unteren» den Rücken zu stärken. In der Kirche sollten also nicht nur Mitarbeitende ihren Oberen gegenüber loyal sein, sondern auch Bischöfe ihren Mitarbeitenden, Ordensoberinnen ihren Mitschwestern gegenüber. Sagen wir nicht nur «Brüder und Schwestern», seien wir wirklich Familie!

1. Januar – Hochfest der Gottesmutter Maria

IMPULS zum Evangelium: Lk 2,16–21

Maria aber bewahrte alle diese Worte. – An der Bezeichnung des Hochfestes der Gottesmutter Maria zeigt sich, dass die Mutter ihre Definition über das Kind erhält. Es ist heute noch in nahöstlichen Regionen die Praxis anzutreffen, den Namen der Frau in «Mutter von …» zu ändern.

In den Texten schauen wir nochmals auf die Krippe. Wer ist nicht in der Gefahr, das als einmaliges geschichtliches oder legendäres Ereignis zu betrachten? Dort setzt Angelus Silesius mit seinem bekannten «Wird Christus tausendmal in Betlehem geboren und nicht in dir, du bleibst noch ewiglich verloren» an. Jesus muss in uns ankommen, und wir dürfen alles, was wir nicht verstehen, nach dem Vorbild Mariens im Herzen bewahren. Für Maria kam die Zeit, in der sie mehr und mehr verstand, was Jesu Berufung und demnach auch ihre Bestimmung als «zugeordnete» Mutter ist. Unsere Berufung – und was wir von dieser leben können – hängt nicht nur von uns selbst ab, sondern wird auch über andere definiert. Was nach Einschränkung der persönlichen Entfaltungsfreiheit klingen mag, kann auch als Hilfestellung in der unüberschaubaren Fülle der Möglichkeiten betrachtet werden. Eine Definition macht frei zum Gestalten, ein Vor-der-Wahl-Stehenbleiben lähmt.

2. Sonntag nach Weihnachten

IMPULS zu den drei Lesungen:
Sir 24,1–2.8–12 / Eph 1,3–6.15–18 / Joh 1,1–18

Vor der Ewigkeit, von Anfang an, hat er mich erschaffen und bis in Ewigkeit vergehe ich nicht. Im heiligen Zelt diente ich vor ihm, so wurde ich auf dem Zion fest eingesetzt. In der Stadt, die er ebenso geliebt hat, ließ er mich Ruhe finden. ... Ich fasste Wurzel ... – Welche Sehnsucht spüren wir in diesen Worten der personifizierten Weisheit! Die poetischen Zeilen des Sirachbuchs finden ihre Entsprechung im Epheserbrief: *In Christus hat er uns erwählt vor der Erschaffung der Welt ...* Passend zum Thema «vor dem Anfang» wird heute das Evangelium des Weihnachtstages wiederholt, der Johannesprolog.

Vor aller Zeit, bevor etwas begann, waren Weisheit, Wort und Wir bereits gedacht. Und es braucht die Inkarnation, die Bindung ans Irdische, um wirksam zu werden.

Die Weisheit fand Ruhe, einen Ort, und fasste Wurzel. Wo finden wir Ruhe, wo haben wir in unserem Leben unsere Wurzeln oder neue Wurzeln gefasst? Wo sind wir innerlich daheim? Ist es die Kirche?

Wer kein Daheim hat, ... ist (immer) auf der Flucht.

Wer sein Daheim im Herzen trägt, ist überall daheim.

Übrigens: Überall auf der Welt gibt es heilige Räume, «Wohnungen Gottes». Sie werden erhalten durch die Arbeit von Gremien, Stiftungen und Sakristanen.

Erscheinung des Herrn

IMPULS zur Ersten Lesung, zum Antwortpsalm und zur Zweiten Lesung:
Jes 60,1–6 / Ps 72 (71),1–2.7–8.10–11.12–13 / Eph 3,2–3a.5–6

Mache dich auf und werde licht!, ruft der Prophet Jesaja. Das ist ein Auf-Ruf und eine Verheissung zugleich.

«Suchende Menschen finden den Weg» – das ist die Botschaft des Festes «Epiphanie», ob persönlich oder global gedacht. Die Weisen, Könige oder Sterndeuter sind Vertreter der ganzen Welt, wie es im Motiv der Völkerwallfahrt aus Jesaja 60 aufscheint und ausgemalt wird in Psalm 72,8.

Spätestens nachdem wir im Epheserbrief gelesen haben: *Heiden sind Miterben!*, wird klar, dass es um die ganze Welt geht. Heute nennen wir niemanden mehr «Heide»; dennoch sind wir weit davon entfernt, zu verwirklichen, dass wirklich alle Menschen für das Heil bestimmt sind, dass alle Menschen Erben dieser Welt sind, dass alle Menschen ihre Rechte haben!

Für diese Einsicht standen Menschen der Kirche immer schon ein. Heute versuchen auch Label der Fairness, diese Aufträge bewusstzumachen: Gepa/Claro, Missionswerke, Caritas, auch interreligiöse Engagements. Die Besucher an der Krippe erkennen im Kind schon dessen Bestimmung. Uns gelingt das nicht immer, wie es in einer Gedichtzeile von Wilhelm Willms heisst: «Welcher Engel schenkt uns Augen, die im Keim die Frucht schon sehen?»

Machen wir uns auf einen Weg, auch wenn wir unter Umständen noch nicht absehen können, ob er zum Erfolg führt!

Taufe des Herrn

IMPULS zur Ersten Lesung: Jes 55,1–11

Warum bezahlt ihr mit dem Lohn eurer Mühen, was euch nicht satt macht? –-Manchmal brennen Menschen in ihren Berufen aus. Sei es, dass sich der Beruf und die Situation gegenüber dem Anfang verändert haben; sei es, dass sie der Sache oder sich selbst falsches Gewicht zugemessen haben; sei es, dass sie selbstgesteckte Ideale nicht erreichen können, oder anderes. Es stellt sich die Sinnfrage: Was fange ich mit meinem Leben, meinen Gaben an? Bin ich auf einem Weg, der Gottes Gaben an mich zur Entfaltung kommen lässt? Sollte ich etwas anderes tun?

Gottes Wort erreicht, was es soll, heisst es in der Ersten Lesung. Es gibt eine heilige Unruhe, die möglicherweise auf eine Veränderung hinweist; aber auch die heilige Ruhe, die einen an einem Ort ausharren lässt, unter Umständen trotz widriger Umstände. Wenn Gott zu etwas beruft, wird ein Gedanke, eine Idee, ein Bild, ein Traum sich immer wieder melden. Letztlich hat sich noch kein «Prophet» seinem Auftrag entziehen können. Man muss sich also keine Sorgen machen, ob man etwas nicht entdeckt hat. Vielleicht hat Gott ja auch viele Ideen für einen Menschen und man kann wählen, welcher davon man zunächst eine Chance gibt?

Aschermittwoch

IMPULS zur Zweiten Lesung: 2 Kor 5,20 – 6,2

Wir sind also Gesandte an Christi statt! ... Als Mitarbeiter Gottes ermahnen wir euch. – Deutlich wie selten werden hier heute Begriffe aus Anstellungsverhältnissen gebraucht. Es ist klar, wer «das Sagen» hat und wer mitarbeitet, wer sendet und wer gesandt wird.

Eine Sendungsfeier und «Missio» des Bischofs steht auch am Anfang einer kirchlichen Berufstätigkeit, insbesondere in der Verkündigung. Immer muss deutlich werden, dass es im kirchlichen Dienst nicht um eigene Ideen oder Selbstverwirklichung geht, sondern: Gott es ist, der «durch uns mahnt», wie es hier heisst. Was mit «Ermahnung» gemeint ist, ist eigentlich eine Verheissung: Jetzt ist sie da, die Zeit der Gnade! Es ist Zeit, das eigene Leben auszurichten auf Wahrheit und Gerechtigkeit.

Zu anderen Zeiten ist Umkehr und der Blick nach vorn und nach draussen gefordert. Am Aschermittwoch ist der Aspekt der Busse im Vordergrund, der Blick zurück und nach innen, und zwar in der Erinnerung an unsere Vergänglichkeit ... Der Ruf heisst in gewisser Weise: «carpe diem» – Nutze die Zeit!

1. Fastensonntag

IMPULS zur Ersten Lesung, zum Antwortpsalm, zum Evangelium:
Gen 9,8–15 / Ps 25 (24),4–5.6–7.8–9 / Mk 1,12–15

Zeige mir deine Wege. Lehre mich deine Pfade. Führe mich in deiner Treue. – Das sind Bitten aus dem Antwortpsalm. Diese aktiven Bitten stehen Lesungen gegenüber, die von einem eher passiven Warten, Harren, Hören berichten, nämlich während 40 Tagen der Sintflut und der 40-tägigen Wüstenzeit Jesu.

Aktivität und Passivität fallen zusammen in der nun beginnenden, ebenfalls 40-tägigen Fastenzeit. In der Fastenzeit rufen kirchliche Mitarbeitende in Missionswerken dazu auf, sich den eigenen Lebensstil und dessen Zusammenhang in der Gesellschaft bewusstzumachen, aktiv zu werden, um eine Wende bei Missverhältnissen herbeizuführen.

Gleichzeitig laden jedoch auch Mitarbeitende in Bildungshäusern, Besinnungshäusern, Ordenshäusern dazu ein, sich eine Aus-Zeit zu gönnen, aufmerksam zu hören auf Texte und den ihnen innewohnenden Anruf für jeden und jede Einzelne. «Schweige und höre, neige deines Herzens Ohr» ist eine Möglichkeit, dem Ruf Gottes in das eigene Leben nahezukommen. Aber wir brauchen auch nicht nur zu warten, sondern wir dürfen Gott «drängeln». Vielleicht kann man sich die drei schönen Sätze aus Psalm 25 einmal eine Weile zum Stossgebet machen: *Zeige mir deine Wege. Lehre mich deine Pfade. Führe mich in deiner Treue.*

2. Fastensonntag

IMPULS zur Ersten und zur Zweiten Lesung:
Gen 22,1–2.9a.10–13.15–18 / Röm 8,31b–34

Hier bin ich! – Abraham wird beim Namen gerufen, und die Antwort lautet: *Hier bin ich!* – Ist das die normale Antwort? Was sagen wir, wenn wir gerufen werden? Einfach «Ja» oder «Hier bin ich»? Oder geben wir auch einmal keine Antwort, um nicht gefunden zu werden?

Und umgekehrt: Was empfinden wir, wenn wir jemanden rufen? Kommt die Antwort gleich? müssen wir mehrfach rufen? Was ist, wenn wir merken, jemand hat es bewusst überhört?

Ein «Hier bin ich» ist somit doch auch eine Bereitschaftserklärung! Diese Antwort steht am Anfang der Priesterweihe.

Beim Namen gerufen zu werden, ist nicht einfach ein Kommando; es wird auf eine Antwort gewartet, die offensichtlich auch «nein» lauten könnte. Abraham wird hier ein extremer Auftrag zugemutet, er soll sein Kind opfern. Ob man dem nicht tatsächlich lieber mit einem «Nein» begegnen möchte …? Es wird eine Grundentscheidung auf dem Weg der eigenen Berufungsfindung sein, ob man das bedingungslose Vertrauen in einen guten Gott, der Auswege bietet, in die Waagschale wirft, oder Gott «fürchtet»? Geht man das Wagnis ein? Ermunterung dazu kann sein, was in der Lesung aus dem Römerbrief steht: *Ist Gott für uns, wer ist dann gegen uns?*

3. Fastensonntag

IMPULS zur Ersten und zur Zweiten Lesung:
Ex 20,1–17 / 1 Kor 1,22–25

Du sollst neben mir keine anderen Götter haben. – Wir hören die «zehn Gebote». Nicht morden, nicht ehebrechen, nicht stehlen, nicht falsch aussagen – einige werden uns schnell in den Sinn kommen. Aber: Was ist, wenn man diese Gebote nicht hält?

Wenn man sich an Gesetze nicht hält, dann bekommt man eine Strafe, u. U. Gefängnis.

Ist man von Gott verlassen, wenn man die Gebote Gottes verlassen hat? Gebote sind keine Gesetze, sondern An-Gebote für gutes Zusammenleben. Gott verlässt uns nicht, sollten wir auch diese An-Gebote zeitweilig ausgeschlagen haben. Das zeigen kirchliche Handlungsfelder wie z. B. Gefängnisseelsorge, Schuldenberatung, Ehebegleitung. Die in diesen Bereichen tätigen Seelsorgenden, Beratenden, kirchlichen Mitarbeitenden lassen spüren, dass Gott uns nicht fallen lässt und es immer ein Zurück gibt.

Das könnte auch einer Glaubwürdigkeit dienen, die die Erwartungen übertrifft, wie sie im ersten Brief an die Korinther dargestellt sind: *Juden fordern Zeichen, Griechen suchen Weisheit, wir verkünden den Gekreuzigten. Für Juden ist das ein Ärgernis, für Heiden eine Torheit, für die Berufenen, Juden wie Griechen, Gottes Kraft und Weisheit.*

4. Fastensonntag – Laetare

IMPULS zur Ersten Lesung und zum Evangelium:
2 Chr 36,14–16.19–23 / Joh 3,14–21

Der Herr erweckte den Geist des Königs Kyrus von Persien. – Ein Glaubensfremder erkennt Gott, folgt seinem Ruf, wird sein Sprachrohr! Propheten haben das Volk gewarnt, Könige und Priester haben nicht gehört; die Konsequenz war die Exilierung durch Nebukadnezar nach Babel, die 70 Jahre währte, bis das Reich der Perser zur Herrschaft kam. Der Geist des Perserkönigs wird von Gott erweckt, er will Gott ein Haus bauen und sogar den, der *zum Volk gehört*, hinaufziehen lassen!

Manchmal sind Leute ausserhalb kirchlicher Berufe die besseren Rufer der Botschaft (z. B. in Kunst, Film, Musik). Auch mögen es Zeichen von aussen sein, die deutlicher den Weg weisen als die Werbung der Kirche. In seinem Buch «Ich bin dann mal weg» beschreibt Hape Kerkeling, wie auf dem Jakobspilgerweg selbst Plakate mit profanen Sprüchen in ihm Resonanz ausgelöst haben.

Alltägliches bekommt plötzlich besondere Bedeutung. Wer hat es nicht selbst schon erlebt, dass ein Moment, ein Bild, ein Wort, eine Begebenheit zum Zeichen wird, vor allem dann, wenn eine Frage im Innern offen ist? Eine offene Frage treibt auch Nikodemus des Nachts zu Jesus.

LIEDVORSCHLAG
«In deinen Toren werd' ich stehen, du freie Stadt Jerusalem»

5. Fastensonntag

IMPULS zur Ersten Lesung: Jer 31,31–34

Keiner wird mehr den anderen belehren, denn alle, vom Kleinsten bis zum Grössten, werden mich erkennen. – Worte der Bibel, Worte der Verheissung gehen fast immer an alle, an das *ganze* Volk in jedweder Unterschiedlichkeit der Lebensentwürfe, der Berufe. Hier wird es ausgesprochen, dass alle vom Kleinsten bis zum Grössten fähig und somit angesprochen sind. Es sind nicht Worte an zu besonderem Dienst Berufene; *alle* sind gerufen, angerufen, aufgerufen.

Einst hatte Gott das Volk aus Ägypten heraus *an die Hand genommen;* zu der Zeit von Jeremia sind sie sozusagen *erwachsen* und müssen – und können aber auch – allein entscheiden. Jetzt sind wir erwachsen – haben wir die Lektionen derer, die uns an die Hand genommen hatten (Eltern, Lehrer …), gelernt?

Erkennen kann man Gott nur durch Boten! Vergleichen wir die Botschaft Gottes mit einem Lied. Idealerweise ist die Komposition gut und der Sänger gut. Ist das Lied schlecht, aber die Sängerin gut, kann es dennoch ein Genuss sein. Ist das Lied gut, aber die Sänger schlecht, dann erkennt man unter Umständen nicht einmal mehr die Melodie. Wir sollten gute Sängerinnen und Sänger sein, um die Schönheit der Botschaft Gottes weiterzugeben!

Palmsonntag

IMPULS zum Evangelium: Joh 12,12–16

Auf dem Fohlen einer Eselin. – Die Berufung Jesu, Künder der Auferstehung zu sein, kommt spätestens jetzt an einen «Point of no Return». Jetzt noch könnte sich Jesus ruhig verhalten, das Umfeld nicht weiter reizen, vermittelnde und einlenkende Worte finden. Er tut es aber nicht, sondern steuert geradewegs «ins Verderben». Er setzt allem, was gewisse Kreise aufbringt (was von ihrer Warte her gar nicht mal unverständlich ist), noch die Krone auf, indem er königlich in die Stadt einreitet – zwar auf einem unköniglichen Tier, aber die Geste spricht. Sehenden Auges geht Jesus seinen Weg; er weiss, was er tun muss, wenn er sich und Gott treu bleiben will. Wenn wir wissen, wohin wir sollen und wozu wir gerufen sind, mögen uns die kommenden Tage stärken und uns sehenden Auges Schritt für Schritt gehen lassen. Wenn wir es nicht wissen, dürfen wir die Schritte Jesu betrachten und die Augen offenhalten, um ein Zeichen zu entdecken.

Gründonnerstag

IMPULS zu den drei Lesungen der Chrisammesse:
Jes 61,1–3a.6a.8b–9 / Offb 1,5–8 / Lk 4,16–21

Der Geist ruht auf mir – So heisst es in der alttestamentlichen Lesung in der Chrisammesse, der Feier, in der der Bischof, möglichst unter Präsenz seiner Priester, die Heiligen Öle weiht, mit denen die Gläubigen gesalbt werden zur Eingliederung in die Gemeinschaft, zur Übernahme von Aufgaben, zur Stärkung auf ihrem Weg. In der neutestamentlichen Offenbarung (Offb 1,5) steht sogar: *Er hat uns Würde von Königen gegeben und uns zu Priestern gemacht. ...*

Uns!? Der Geist ruht auf *allen* Gesalbten, den eben deswegen so genannten «Christen»! Das ist die wörtliche Bedeutung: «mit Chrisam gesalbt».

Der Geist ruht auf mir – Das ist der Text, den Jesus in der Synagoge zu lesen bekam. So erzählt es das heutige Evangelium und beschreibt weiter, dass er die Buchrolle schloss und sagte: *Heute ist das erfüllt.* Das ist die Antrittsrede Jesu.

Wäre nicht schon vieles erfüllt an der Botschaft, wenn nicht nur die Geweihten, sondern *alle* Gesandten – ja sogar alle Gesalbten – die Feier der Chrisammesse gemeinsam begehen würden und sich ihrer in der Taufe übertragenen gemeinsamen Berufung erinnerten, *Armen die frohe Botschaft, Gefangenen die Befreiung, Blinden das Augenlicht zu bringen?*

Karfreitag

IMPULS zu den Grossen Fürbitten

(Hinweis: Die Grossen Fürbitten sind in gewisser Weise schon Bitten für Berufene, insbesondere die ersten drei: für die Kirche, für den Papst, für alle Stände. Als vierte könnte man eine besondere Fürbitte für Berufungen einfügen, bevor man fortfährt mit den Katechumenen usw.)

Besondere Fürbitte
für Berufungen zu einem Dienst in der Kirche:

Lasst uns auch beten für alle Menschen, die einen Ruf zu einem kirchlichen Dienst verspüren. Lass sie Begleitpersonen wählen, die die Berufung deuten helfen und lass sie einen ihnen entsprechenden Beruf finden zur Auferbauung der Kirche Christi.

(Beuget die Knie! – Stille – Erhebet euch!)

Allmächtiger, ewiger Gott,
Seherinnen und Propheten hast du berufen,
Künder und Künderinnen deiner Botschaft.
Apostelinnen und Apostel hat Jesus in die Nachfolge gerufen,
Täter und Täterinnen deiner Liebe.
Der Heilige Geist hat jede und jeden in der Muttersprache angerufen.
Du bist treu, stärke alle auf ihrem Weg.

Osternacht

IMPULS zu den neun Lesungen der Osternachtfeier

Neun Lesungen erzählen in grossen Schritten die Geschichte Gottes mit den Menschen. Die zentralen Ereignisse lassen sich als Ruf und Antwort, als Dialoge lesen.

Gen 1	Gott sprach – und es wurde …
Gen 22	Abraham? – Hier bin ich!
Ex 14	Was schreist du? – Sie sollen gehen!
Jes 54	Ja, der Herr hat dich gerufen.
Jes 55	Hört auf mich, dann werdet ihr leben.
Bar 3	Höre, Israel, um Einsicht zu erlangen
Ez 36	Das Wort des Herrn erging an mich.
Röm 6	So sollen auch wir als neue Menschen leben.
Mk 16	Erschreckt nicht!

Im weiteren Verlauf der Feier ist die *Allerheiligenlitanei* quasi eine «Liste» von Berufenen, die in verschiedensten Berufen – als Mädchen, als Königin, als Bischof, als Einsiedler, als Ordensfrau, als Arzt, als Beterin, als Politiker – dem Ruf Gottes so gefolgt sind, dass die Botschaft Gottes für viele, Glaubende wie Nicht-Glaubende, sichtbar wurde. In den Heiligenlegenden zeigt sich, wie individuell die Berufung Gottes ist: Es geht um das je eigene Charisma, nicht um einen fixen Plan.

Die *Tauferinnerung* unterstreicht, dass wir alle Gesalbte sind und unseren je persönlichen Ruf erhalten, der sich nicht mit dem von irgendjemand anderem deckt.

2. Sonntag der Osterzeit

IMPULS zur Ersten Lesung und zum Evangelium:
Apg 4,32–35 / Joh 20,19–31

Sie hatten alles gemeinsam. – Ordensleute, Säkularinstitute, geistliche Gemeinschaften – ja, in gewisser Weise sogar Pfarrgemeinden – leben nach diesem Vorbild. Etwas gemeinsam zu nutzen, spart Ressourcen und macht frei für anderes: *Ein* Fernseher im Wohnzimmer statt in jedem Zimmer einer, eine Küche statt zehn Kaffeemaschinen in Büros; eine Bahn statt vieler Autos auf den Strassen. Gemeinsamer Besitz hat nicht unwesentliche ökonomische und ökologische Auswirkungen hinsichtlich Anschaffung, Emissionen und Entsorgung.

Politische Strömungen erfassen dies als Ideal und der Staat sorgt über Steuern für Gemeinnutz. Es gibt die öffentliche Plätze, Verkehrswege, die allen gemeinsam sind, Initiativen zu allgemeinem Grundeinkommen, Basisrenten etc. Synergien kann man auch in der Seelsorge nutzen; nicht jede Pfarrgemeinde muss alles machen, nicht jede Seelsorgeperson muss alles können.

In der Anfangszeit fühlten sich die Glaubenden so reich beschenkt, dass sie alles teilen konnten und nicht aufrechneten, wem wie viel zusteht. Schätzen wir unseren Reichtum oder kämpfen wir ums je Eigene? – *Friede sei mit euch! Wie mich der Vater gesandt hat, so sende ich euch.*

3. Sonntag der Osterzeit

IMPULS zum Evangelium: Lk 24,35–48

Warum lasst ihr in eurem Herzen Zweifel aufkommen? – In der Osterzeit werden wir sowohl von der Apostelgeschichte wie von den Evangelien mitgenommen auf dem Weg der immer tieferen Erkenntnis des Geheimnisses unseres Glaubens.

Die Jünger durchliefen eine Entwicklung. Sie verstanden nicht sofort, was geschehen war und wie sie weitermachen könnten oder sollten nach dem Schock der Kreuzigung Jesu.

Schon mehrere Berichte, dass der Auferstandene gesehen wurde, gab es. Hier sind es gerade die Emmausjünger, die den anderen ihre Erlebnisse erzählen; aber das Erschrecken aller, als Jesus zu ihnen tritt, entlarvt ihren Kleinglauben.

Wenn wir uns als Gläubige oder gar als kirchliche Mitarbeitende verstehen – wie würde es uns gehen, wenn Jesus heute *uns* gegenüberträte? Wir würden wohl auch erschrecken. Leicht kann man sich «eins» fühlen mit jemandem, interpretieren, verkünden, wenn dieser nicht dabei ist; ist er oder sie aber zugegen, wird man unsicher; man merkt, wie man sich Dinge zurechtgelegt hat, wie unzureichend man die Person, die Sache verstanden hat und wiedergibt. Ob wir Jesus in unserer Mitte erkennen würden?

4. Sonntag der Osterzeit

IMPULS zur Ersten Lesung und zum Antwortpsalm:
Apg 4,8–12 / Ps 118 (117), 1.4.8–9.21–22.23.26.28–29

Ich will dir danken, dass du mir Antwort gabst. – Der vierte Ostersonntag wird der Gut-Hirt-Sonntag genannt, nach dem Evangelium vom guten Hirten. In der Apostelgeschichte werden die Führer und Ältesten angesprochen, quasi die Hirten. Üblicherweise richten sich die Reden an alle, hier ausnahmsweise an konkrete Personenkreise, nämlich leitende. Sie und alle sollen wissen, dass die Heilungen, die den Aposteln gelingen, durch Christus geschehen. Zur Unterstreichung wird Psalm 118 zitiert: *Er ist der Eckstein, den die Bauleute verwarfen.*

Dort steht im Vers davor: *Ich will dir danken, dass du mir Antwort gabst.* Das wünscht man sich auf der Suche nach der eigenen Sendung. Dank für Antwort setzt eine Bitte voraus und in gewisser Weise eine Not. Besser auf den Herrn vertrauen, besser in ihm sich bergen als bei Menschen, denn von diesen kann man verworfen werden. Für jene, die in den Augen der Menschen als Unfähige gelten mögen, hat Gott einen Platz bereit. Nicht selten haben in der Kirchengeschichte «verkannte» Menschen grosse Wenden gebracht, denken wir z. B. an Oscar Romero. Kreise, die sich mit scheinbaren Fehlbesetzungen auf der sicheren Seite wähnten, wurden schon öfters vom Heiligen Geist überrascht.

5. Sonntag der Osterzeit

IMPULS zur Ersten und zur Zweiten Lesung:
Apg 9,26–31 / 1 Joh 3,18–24

Die Kirche hatte nun Frieden. – Der neubekehrte Saulus kam nach Jerusalem und wollte sich dem Kreis der Glaubenden anschliessen, doch flüchteten alle, denn sie wussten nicht, dass aus ihm nun «Paulus», einer von ihnen, geworden war. Er fand Fürsprecher und durfte sich unter ihnen bewegen; doch erst, als seine ehemaligen Freunde (die Hellenisten) planten, ihn zu töten, überzeugte es sie wirklich und sie schützten ihn.

Die eigene Lebensgeschichte kann nachhängen. Paulus spricht von sich als Missgeburt, weil er einer der gefürchtetsten Verfolger der Christen war – und das haben diese nicht vergessen. Es gilt, sich zu lösen, sei es von Gutem (für neue Wege) wie von Schlechtem (weil überholt). Fürsprecher kann es brauchen, Mentorinnen und Mentoren für den persönlichen Berufungsweg, die das erkennen und begleiten, aber auch Anstellende, die jemandem für einen Berufsweg eine Chance geben, der nicht den Lebenswandel oder die Zeugnisse mitbringt. Und hie und da braucht es aktiven Schutz. Projekte von Wiedereingliederung und Begleitung folgen diesen Einsichten und dem Aufruf der Vergebung, denn: *Wir wollen nicht mit Wort und Zunge lieben, sondern in Tat und Wahrheit.*

6. Sonntag der Osterzeit

IMPULS zur Ersten Lesung und zum Evangelium:
Apg 10,25–26.34–35.44–48 / Joh 15,9–17

Steh auf! Ich bin auch nur ein Mensch. – Mit diesen liebevollen Worten stellt sich Petrus auf Augenhöhe mit dem ehrfürchtigen Neuankömmling Kornelius. In der Apostelgeschichte, die wir in der Osterzeit lesen, verfolgen wir das Werden der Kirche. Insbesondere Begebenheiten von Berufung oder Bekehrung werden berichtet, als Hinweis, wem alles die Botschaft gilt und wer alles gesandt wird. Der römische Hauptmann kommt zum Glauben. Seine Demutsgeste mag zeigen, dass er sich nicht für würdig hält; er wird von Petrus aufgerichtet, und zwar so, dass die jüdische Jüngerschaft staunt, wie auch auf Heiden der Heilige Geist ausgegossen wird.

Augenhöhe betont auch Jesus mit den Worten: *Ich nenne euch nicht mehr Knechte, … vielmehr Freunde, denn ich habe euch alles mitgeteilt …* Eine grosse Ermunterung für den Eintritt in einen kirchlichen Berufsweg könnte es sein, wenn diese Augenhöhe, die selbst Jesus seinen Jüngern gegenüber pflegte, auch in unserem Umfeld spürbar würde. Können wir einem anderen sagen: *Ich bin auch nur ein Mensch?*, wenn er meint, solchem Anspruch nicht gerecht werden zu können?

Christi Himmelfahrt

IMPULS zu den drei Lesungen:
Apg 1,1–11 / Eph 1,17–23 (Eph 4,1–13) / Mk 16,15–20

Ein Leben, des Rufes würdig, der an euch erging. – Am Fest Christ Himmelfahrt haben wir zahlreiche Lesungen zur Auswahl, doch immer geht es um Berufung und Sendung. *Ihr werdet die Kraft des Heiligen Geistes empfangen und werdet meine Zeugen sein,* steht in der Apostelgeschichte.

Im Epheserbrief heisst es: *Der Geist erleuchte die Augen eures Herzens, damit ihr erkennt, zu welcher Hoffnung ihr berufen seid.* Und wenige Kapitel später ermahnt Paulus: *dass ihr ein Leben führt, das des Rufes würdig ist, der an euch erging.* Er führt weiter aus, dass die verschiedenen Gnadengaben zusammen die Gemeinde aufbauen, nicht eine allein. Es werden hier sogar einmal Berufe konkret genannt: Apostel, Propheten, Evangelisten, Hirten und Lehrer.

Sind unsere heutigen kirchlichen Berufe letztlich auf diese zurückzuführen, oder gibt es andere? Welche Berufe müssten dazutreten? Welche wiederentdeckt werden?

Jesus sagt im Evangelium deutlich: *Geht hinaus und verkündet das Evangelium der ganzen Schöpfung! In meinem Namen wird es möglich, Dämonen auszutreiben, in neuen Sprachen zu reden, Gefährliches anzupacken und Kranke zu heilen* – seien wir des Rufes würdig!

7. Sonntag der Osterzeit

IMPULS zur Ersten Lesung und zum Evangelium:
Apg 1,15–17.20a.c–26 / Joh 17,6a.11b–19

Sein Amt soll ein anderer erhalten! – Vor kurzem noch hörten wir in den Lesungen nur von zwölf Aposteln; nun sind es schon 120 «Brüder», die in Jerusalem mit Petrus zusammenkommen. Die Gemeinde der Glaubenden wächst, Ämter werden geformt und besetzt, und wenn eine Person ausfällt, braucht es eine Nachfolge. Das Petrusamt bildet sich heraus, doch an der symbolträchtigen Zwölfzahl will man festhalten. Da Judas ausgeschieden ist, soll sein Amt, *Zeuge der Auferstehung zu sein,* ein anderer erhalten. Die Apostel stellen zwei Personen auf, werfen das Los und betrachten das Ergebnis als Wahl Gottes. Wie oft entscheidet der Zufall Lebenswege!

Das Weitergeben der Aufgaben ist auch schon Jesus ein Anliegen. Im Evangelium betet Jesus für seine Nachfolger: *Ich habe ihnen dein Wort gegeben und die Welt hat sie gehasst. Ich bitte nicht, dass du sie aus der Welt nimmst, sondern dass du sie vor dem Bösen bewahrst.*

Wenn wir nun uns als Nachfolgerinnen und Nachfolger der Nachfolger betrachten, stehen wir in der Tradition und sind auch für unsere Nachfolgenden verantwortlich. Suchen wir Berufungen unter uns, beten wir für Berufe unter uns!

Pfingsten (Vorabend)

IMPULS zur Ersten Lesung: Joel 3,1–5

Eure Söhne und Töchter werden Propheten sein. – Das Pfingstfest in seinen vier Feiern (Vorabend, Vigil, Tag und Montag) bietet eine Fülle von Texten zu Ruf und Sendung, geht es doch um den Geist, der begeistert. Am Vorabend hören wir den Propheten Joel in seiner endzeitlichen Rede sagen: *Eure Söhne und Töchter werden Propheten sein,* und er stellt in Aussicht, dass die alten Leute Träume und die jungen Leute Visionen haben werden.

Söhne und Töchter sind als Propheten im Alten Testament möglich!

Und weiter gibt es da Wundersames, nämlich, dass auch Lebenserfahrene noch oder wieder träumen und Jugendliche nicht naiv bleiben, sondern initiativ werden – bei Alten und Jungen geht der Blick in die Zukunft, das ist eine Wirkung des Geistes!

Wo sehen wir Seniorinnen und Senioren, die eine Welt aktiv mitgestalten, die sie vielleicht nicht mehr selbst erleben, und Jugendliche, die nicht desinteressiert sind an einer Zukunft, die sie wahrscheinlich erleben? Der Geist geht auf alle über: jeglichen Geschlechts, jeglichen Standes, jeglichen Alters – niemand von uns kann sich herausnehmen aus dem Ruf Gottes.

GESTALTUNGSVORSCHLAG
Pfingstsequenz als Berufungsgebet

2. Sonntag im Jahreskreis

IMPULS zur Ersten Lesung: 1 Sam 3,3b–10.19

Rede, dein Diener hört. – Eine Theologin erzählt: «Im Hebräisch-Unterricht mussten wir als Hausaufgabe bei jeder Lektion ein ‹spirituelles Programm› auswendiglernen mit der Zusatzaufgabe, dies nicht nur für die Sprache zu üben. Eines der ersten war: ‹Rede, dein Diener hört›. Freundlicherweise formulierte unser Professor dazu auch die weibliche Variante: ‹Rede, deine Magd hört›.»

Der junge Samuel, in der Lehre beim Priester Eli, hört des Nachts einen Ruf, und läuft zu Eli. Nach mehrmaliger Wiederholung merkt Eli, dass Gott den Knaben gerufen haben muss, und erklärt ihm, wie er sich verhalten soll.

Hören wir einen Ruf? Ein inneres Hingezogenwerden? Wissen wir, woher dies kommt? Wissen wir, wer redet?

Kann man überhaupt darauf kommen durch eigenes Nachdenken, oder braucht man Lehrerinnen und Lehrer, die Kriterien, Grundlagen, Massstäbe vermitteln, Begleiter und Begleiterinnen, die deuten helfen?

Überlegen wir: Wer ist in meinem Leben ein Lehrer / eine Lehrerin? Wofür? Welches «Motto», welche Grundhaltung habe ich von ihm/ihr gelernt? Was kann ich daraus für mein Leben oder meine Berufung ableiten?

3. Sonntag im Jahreskreis

IMPULS zur Ersten Lesung: Jona 3,1–5.10

Mach dich auf den Weg und geh …! – Das Wort des Herrn erging an Jona und dieser führte seinen Auftrag aus. Und zwar so gut, dass die Bewohner der Stadt ihm glaubten und gerettet wurden. Auch Jesus äussert die Aufforderung zur Nachfolge, und die Angesprochenen folgen sofort.

Die Szene des Evangeliums wirkt wie ein Film, in dem der Held (der Messias) sein Team für seine Mission (die Rettung der Welt) zusammenstellt. Du da, du da und du da! Und alle lassen alles stehen und liegen – und ihre Familien sitzen. Der Held tritt mit Charisma auf, gewinnend – für sich oder für sein Ziel.

Es braucht also Leute, die andere mitreissen, aber es braucht auch ein entsprechendes Ziel. In den Filmen geht es ums Ganze, auch um Leben oder Tod des Teams in seiner Mission, nämlich der Rettung der Erde vor einem Meteoriten auf Kollisionskurs, vor einem Virus, vor Monstern oder Erfindungen böser Menschen. Nicht-hehre Ziele oder Selbstsucht lassen das Interesse bald schwinden. Auch Youtuben, Bloggen, Influencen funktioniert auf Dauer nur, wenn man etwas zu sagen hat. Mögen wir Menschen in der Kirche begegnen, die uns mitreissen, und mögen wir, sollten wir einen kirchlichen Auftrag annehmen, ausstrahlen.

4. Sonntag im Jahreskreis

IMPULS zur Ersten Lesung: Dtn 18,15–20

Einen Propheten wie dich will ich ihnen in ihrer Mitte erstehen lassen. – Der Erwählung folgen Ermutigung und Warnung: *Ich will ihm meine Worte in den Mund legen, er wird ihnen alles sagen, was ich ihm auftrage. Einen Menschen, der nicht auf meine Worte hört, ziehe ich selbst zur Rechenschaft. Und einen Propheten, der sich anmasst, in meinem Namen ein Wort zu verkünden, das ich ihm nicht aufgetragen habe, den ebenfalls.*

Es geht hier also um Kompetenz und Integrität. Wer in der Verkündigung von Gottes Botschaft steht, egal in welchem Beruf oder welcher Position, innerhalb oder ausserhalb eines kirchlichen Dienstverhältnisses, muss darauf bedacht sein, Gottes Wort von eigenen Ideen und Interessen zu unterscheiden. Diese Fähigkeit (oder Bereitschaft, diese zu erwerben) ist mitzubringen; für alles Übrige wird Gott schon die rechten Worte zur rechten Zeit geben.

Es geht ausserdem nicht darum, Gottes mutmasslichen Willen durchzusetzen. Vielleicht gibt es ja mehrere Ausgänge einer Sache, die wir nicht absehen; unter Umständen ist unser Tun nur ein Mosaiksteinchen in einem Ganzen, das nur erreicht wird, wenn wir genau unseres einsetzen – nicht mehr und nicht weniger. Es braucht's – aber es ist nicht alles. Oder umgekehrt: Es ist nicht alles – aber es braucht's.

5. Sonntag im Jahreskreis

IMPULS zur Ersten und zur Zweiten Lesung:
Ijob 7,1–4.6–7 / 1 Kor 9,16–19.22–23

Ist nicht Kriegsdienst des Menschen Leben auf Erden? Wird es Abend, bin ich gesättigt mit Unrast, bis es dämmert. – Bei Ijob entspringt das beschriebene Gefühl den «Hiobsbotschaften», die er erhalten hat. Es liest sich jedoch wie Aussagen von Menschen, die ausbrennen, die einer Arbeit nachgehen, aber fühlen, dass sie zu anderem berufen wären – was ihnen dann wohl auch leichter von der Hand ginge.

Wenn es uns ähnlich geht, können wir uns fragen: Woran denke ich nachts? Was mache ich «mit Links»? Wann bin ich ruhig und entspannt?

Bei Paulus bricht sich die Berufung Bahn, er ist getrieben; die Botschaft zu verkünden. Es ist nicht eine Berufswahl nach dem Motto: Ach, ich könnte ja Prediger werden und dafür Geld bekommen. Nein, er tut es ehrenamtlich!

Wirken in der Kirche muss nicht heissen, sich in einem kirchlichen Beruf (Kirchenmusiker, Religionslehrerin, Sakristan, Seelsorgerin) ausbilden zu lassen oder seinen Beruf (z. B. Anwältin, Sekretär, Handwerker, Journalistin) in einem kirchlichen Anstellungsverhältnis auszuüben. Man kann jedwede Talente einsetzen, wo man gerade gebraucht wird. Was ein inneres Bedürfnis ist, dafür hat man Zeit und Lust und Kraft und Kreativität!

6. Sonntag im Jahreskreis

IMPULS zur Zweiten Lesung: 1 Kor 10,31 – 11,1

Ob ihr esst oder trinkt oder etwas anderes tut, tut alles zur Verherrlichung Gottes. – Der Satz aus dem Ersten Korintherbrief, so herausgelöst, klingt, als sei jede Tätigkeit gleichwertig; als könne und solle man in jedem Tun dem missionarischen Auftrag folgen.

Liest man genau, sieht man, was zunächst gemeint ist: Blamiert Jesus oder die Gemeinschaft nicht durch schlechtes Benehmen! Es steht auf dem Hintergrund der Frage nach Essensvorschriften, wo es darum geht, Gewohnheiten und Gefühlen von anderen entgegenzukommen – eine Grundweisheit von Inkulturation.

Beides, die Gleichwertigkeit allen Tuns und das Entgegenkommen anderen gegenüber, findet seinen Ausdruck in unterschiedlichsten Apostolaten von Ordensgemeinschaften. Verherrlichung Gottes geschieht in der Mission über Nothilfe, Unterricht, ärztliche Versorgung, Bereitstellung von Material, politische Bildung, landwirtschaftliche oder technische Betreuung u. v. m. Andere Apostolate heissen: Bücher schreiben, Kranke pflegen, beten, lehren ... Diesen Apostolaten kann man nicht nur in Orden folgen, sondern ebenso in weltlichen Institutionen oder Vereinen (oder auch allein für sich). Alles im Bewusstsein Gottes und der menschlichen Gegenüber, alles zur größeren Ehre Gottes.

7. Sonntag im Jahreskreis

IMPULS zur Ersten Lesung: Jes 43,18–19.21–22.24b–25

Denkt nicht mehr an das, was früher war. Achtet nicht auf das Vergangene, seht ich schaffe Neues, schon sprosst es. Merkt ihr es nicht? – Wie oft hängt man Gedanken nach, wie es früher war, was man eigentlich einmal wollte, und wohin man sollte. In diese Gefühlslage spricht die Lesung. Ist das, was Jesaja sagt, ein Aufruf, immer im Jetzt zu leben, nicht zu schauen, woher etwas rührt und wohin etwas führt? Geht es um das Vergangene im eigenen Leben? Oder um das in der Geschichte der Menschen? Oder übertragen wir es auf die Kirche?

Schon sprosst es! – wider die Resignation! Da ist die Ermunterung, nicht in Gewordenem zu versinken, sondern elastisch und kreativ zu bleiben für immer neue Herausforderungen. Es hilft nichts, auf etwaige Missetaten oder Versäumnisse zu blicken, Gott selbst überwindet das. Gott kann «auf krummen Zeilen gerade schreiben». Würde man sagen: «Ich Sünder tauge nichts», wäre das eine Ausrede; der christliche Satz ist: «Ich Aufgerichtete habe etwas zu tun.» Mutiger und frommer ist, etwas anzupacken, als zu sagen: «Ich kann nicht», gerade dann, wenn man sich dafür nicht fähig oder würdig fühlt.

8. Sonntag im Jahreskreis

IMPULS zur Ersten und zur Zweiten Lesung:
Hos 2,16b.17b.21–22 / 2 Kor,3,1b–6

Ich traue dich mir an auf ewig. – Das klingt wie ein Eheversprechen, und in der Tat wird mit Bildern einer Liebesbeziehung das Verhältnis Gottes zu seinem Volk dargestellt. Eine erste Nähe und Fraglosigkeit weichen im Laufe der Zeit einer gewissen Gewohnheit und Gleichgültigkeit, doch Gott hört nicht auf, zu rufen und zu werben.

Was für die Beziehung zur Welt im Ganzen gilt, gilt natürlich für jeden und jede Einzelne ebenso. In der Jugend hat man Ideale, spürt alle Kräfte und alle Möglichkeiten. Im Laufe des Erwachsenwerdens werden die Träume an der Realität gemessen, Zugeständnisse dürfen oder müssen gemacht werden. Droht ein Verlust der Identität, wird der innere Ruf lauter.

Betrachten wir die Kirche als Braut Christi, mag eine ähnliche Entwicklung zu beobachten sein. Konnte man in den ersten Jahrhunderten vielleicht noch mit Paulus sagen: *Unser Empfehlungsschreiben seid ihr! Unverkennbar seid ihr ein Brief Christi,* so haben sich auf Dauer Verbindlichkeiten mit der Welt entwickelt, die zwar eine Ausbreitung des Glaubens begünstigten, doch auch die Gefahr des spirituellen Verlustes brachten. So gilt es heute, das Rufen Gottes in der Wüste aller Möglichkeiten wieder zu hören.

9. Sonntag im Jahreskreis

IMPULS zur Ersten Lesung und zum Evangelium:
Dtn 5,12–15 / Mk 2,23 – 3,6

Der siebte Tag ist Feier für den Herrn, deinen Gott. Da sollst du keinerlei Arbeit tun. – Für kirchliche Mitarbeitende ist das ein etwas zwiespältiger Vers. Natürlich ist der Sonntag heilig, der Tag der Feier. Doch ein Gottesdienst ist neben aller Erfüllung auch eine ganze Menge Arbeit, etwa für Gottesdienstleitende (Priester, Pfarreileiterin, Diakon, Seelsorgerin), Musizierende (Organistin, Dirigent, Chor, Ensemble, Solistin), Vorbereitende (Sakristanin, Sekretär), gegebenenfalls weitere Mitwirkende (Katechetin mit Kindergruppe, Religionspädagoge mit Liturgiegruppe). Sie alle sind nötig, sie alle bringen ihre Arbeit ein, und einige werden sogar dafür bezahlt.

Vielleicht ist hier der Unterschied von Beruf und Berufung diffiziler als anderswo: Wenn es eigentlich Berufung ist, Gottesdienste vorzubereiten und mitzugestalten, so ist das keine Berufstätigkeit, die der Feierlichkeit des Tages oder dem Sabbatgebot widerspricht. Denn Jesus sagt: *Der Sabbat ist für den Menschen da, nicht der Mensch für den Sabbat.* Die Jünger rupften Ähren, weil sie Hunger hatten, nicht, weil sie die Ernte einbringen wollten. Der Sinn des Ruhetags ist, dass er guttut.

ANREGUNGEN
Mit Kindern die Berufe finden, die bei diesem Gottesdienst mitwirken.
Segen über alle Anwesenden, die einen kirchlichen Dienst tun.

10. Sonntag im Jahreskreis

IMPULS zur Ersten Lesung: Gen 3,9–15

Wo bist du? – Gott ruft den Adam, der sich versteckt hat. Ein Vertrauensbruch im Paradies. Schlimmer als das Verbot der Frucht zu missachten, ist, die Liebe Gottes zu missachten. Adam «richtet sich selbst» und setzt sich nicht dem liebenden Blick Gottes aus. Er schämt sich und vertraut nicht auf Gottes Nachsicht. Von Gott zur Rede gestellt, ist er immer noch nicht fähig, zu sagen: «Ja, ich habe etwas falsch gemacht», sondern er gibt die Schuld der Frau oder geradezu Gott selbst, da Gott die Frau ihm beigesellt habe. Und jene macht es nicht besser, auch sie weist alle Verantwortung von sich und schiebt es auf die Schlange.

Wo bist du? – Das ruft Gott auch uns täglich zu im gewollten Paradies. Hören wir das? Verstecken wir uns, weil wir nicht zugeben wollen, dass wir unserer Berufung nicht folgen? Was sind unsere Ausreden? Ist uns unser Christsein peinlich?

Die Botschaft Gottes braucht Menschen, die Dinge beim Namen nennen, die Gottes Blick und Ruf nicht fürchten, die selbstkritisch, aber nicht selbstgerecht ihr Handeln prüfen und in der Welt Farbe bekennen. Menschen in kirchlichem Dienst könnten mit gutem Beispiel vorangehen – und viele tun es auch.

11. Sonntag im Jahreskreis

IMPULS zur Ersten Lesung und zum Evangelium:
Ez 17,22–24 / Mk 4,26–34

Ich selbst nehme ein Reis vom Wipfel der hohen Zeder und setze es ein. – Gott macht »Stecklinge«! – Ob das bei Zedern funktioniert, sei dahingestellt, aber das Bild passt mindestens für viele Bäume. Durch Stecklinge wird eine Pflanze «geklont», d. h. sie ist genetisch identisch mit ihrer Mutterpflanze, ihrer Herkunft. Dieses Bild ist für diejenigen, die in der Fremde auf ihre Rückkehr warten, wichtig. Selbst, wenn sie im Moment abgeschnitten sein mögen, lebt in ihnen der gleiche Geist.

Dieses Mit-Gott-eins-Sein und die Weitergabe von Identität werden im Evangelium nicht durch «Stecklinge machen» beschrieben, sondern durch «Saat ausbringen».

In Seelsorge oder Verkündigung wirft man Worte wie eine Saat aus und pflanzt Gedanken ein. Man weiss nicht, ob und wie und wann etwas aufgeht. Glücksstunden im kirchlichen Beruf sind, wenn nach Jahren jemand kommt und sagt: «Sie haben einmal gepredigt und das hat mich mit meiner Tochter versöhnt», oder: «Sie haben mich damals zur Firmung begleitet, heute ist etwas passiert.» Manchmal keimt die Saat auch schneller, dann hört man: «Die ganze Woche haben wir am Familientisch diskutiert, was Sie letzte Woche sagten.»

LIEDVORSCHLAG
«Kleines Senfkorn Hoffnung ...»

12. Sonntag im Jahreskreis

IMPULS zum Evangelium: Mk 4,35–41

Er aber lag ... und schlief. – Die Erzählung vom Sturm auf dem See, bei dem die Jünger Angst hatten, aber Jesus seelenruhig schlief, lässt fragen: Was mag Jesus zu solcher Seelenruhe veranlasst haben? Dachte er: Die Jünger «managen» das schon? Oder: Gott «managt» das schon? Offensichtlich sind ihm grenzenloses Vertrauen und ebensolche Ausgeglichenheit zu eigen.

Menschen, die der ruhende Pol sind, tun gut. Was hilft es, wenn man in Aufregung ist und auch die möglichen Helfer sich aufregen? Es braucht Menschen, die in Wirrnissen Ordnung ins Chaos der Gefühle und Gedanken bringen. Solche gibt es, sogar professionelle: Spitalseelsorge, Pfarreiseelsorge oder Telefonseelsorge sind da für akute Lebensfragen; die Notfallseelsorge, wenn etwas passiert ist; Spezialseelsorgen in anhaltenden Krisensituationen, z. B. – neben Psychotherapie – Begleitung für Jugend, Berufsfindung, Arbeitslosigkeit, Polizei, Armee, Rettungskräfte.

Menschen, die sich nicht schrecken lassen, sind die, die Winde und Stürme in die Schranken weisen, d. h. deren wahre Grösse entlarven, Verwirrte bei der Hand nehmen und Staunen hervorrufen können.

13. Sonntag im Jahreskreis

IMPULS zur Ersten und zur Zweiten Lesung:
Weish 1,13–15; 2,23–24 / 2 Kor 8,7.9.13–15

Auf, lasst uns die Güter des Lebens geniessen und die Schöpfung auskosten. Keine Wiese bleibe unberührt von unserem Treiben. Unsere Stärke soll bestimmen, was Gerechtigkeit ist, sagen die Gottlosen. – Kaum zu glauben, dass diese Worte vor Tausenden von Jahren gesprochen worden sind.

Raubbau an der Natur, Vorteilssuche hier, das Nachsehen dort (in anderen Ländern oder in späteren Generationen) – die «Klimajugend» oder die «Konzernverantwortungsinitiative» weisen darauf hin.

Manche, die es nicht interessiert, die schlecht informiert sind oder die Angst haben, fragen: «Was bringt es, wenn es uns dann schlechter geht?» Bereits Paulus sammelt bei den griechischen Gemeinden für die armen Jerusalemer Glaubensgeschwister: *Es geht nicht darum, dass ihr in Not geratet, indem ihr anderen helft, sondern um einen Ausgleich. Jetzt soll euer Überfluss ihrem Mangel abhelfe, damit auch ihr Überfluss eurem Mangel abhelfe.*

Kirchliche Werke wie Missio, Fastenopfer, Misereor, Kolping u. v. a. bemühen sich um Solidarität über Grenzen hinweg, informieren, zeigen Alternativen – und unser aller Gewinn. Wer Freude hat an der Welt, Sinn für Gemeinschaft, Gerechtigkeit, Politik und Kultur, lebt dort seine christliche Berufung.

14. Sonntag im Jahreskreis

IMPULS zu den drei Lesungen:
Ez 1,28b – 2,5 / 2 Kor 12,7–10 / Mk 6,1b–6

Als er zu mir redete, kam ein stärkender Geist in mich und stellte mich auf die Füsse. – Der Prophet Ezechiel erinnert sich: *Ich hörte den, der zu mir redete. Zu ihnen sende ich dich. Ob sie hören oder es lassen – sie sind ja widerspenstig – erkennen sollen die dennoch, dass ein Prophet mitten unter ihnen war.* Und Paulus muss sich sagen lassen: *Es genügt dir meine Gnade, denn sie erweist ihre Kraft in den Schwachen.* Selbst Jesus empfindet: *Nirgends gilt ein Prophet weniger als in seiner Vaterstadt.*

Alle haben mit Widrigkeiten zu kämpfen, und alle suchen nach Kraft für ihre Sendung.

Ezechiel spürt, wie er wieder auf die Füsse kommt. Paulus wäre gern ein Leiden los, damit er noch tatkräftiger für Gott eintreten könnte. Dies wird ihm nicht vergönnt, im Gegenteil; es soll dem deutlicheren Hervortreten des Wirkens Gottes dienen, dass er irgendeinen «Dorn im Fleisch» hat.

Was schwächt oder stört uns und hindert uns vermeintlich, einer Sendung nachzukommen? Migräne, Allergie? Bildung? Charakterzüge? Könnte ein allzu perfektes Auftreten mehr schrecken als locken? Es heisst, jeder Mensch verhindere auch etwas – wo hindert meine Art ein Scheinen Gottes?

15. Sonntag im Jahreskreis

IMPULS zur Ersten Lesung und zum Evangelium:
Am 7,12–15 / Mk 6,7–13

Ich bin kein Prophet und kein Prophetenschüler. Ich bin ein Viehhirte und veredle Maulbeerfeigen. Doch der Herr nahm mich hinter der Herde weg und sprach zu mir: Geh, rede ... – Amos zeigt, dass ganz normale Leute aus ihrem Beruf gerufen und gesandt sind: In der Regel hält man sich dessen nicht für fähig oder würdig, aber das ist die beste Voraussetzung für das Wirken des Geistes; dann steht nichts Eigenes im Weg, kein Können, keine Erfahrung, kein Erreichen-, Darstellen-, Verteidigen-Müssen. Gott gibt das Ziel vor; es ist nicht selbstgewählt, und es kann sein, dass man empfohlen bekommt, *woanders zu prophezeien* – wie Amos –, oder *den Staub von den Füssen zu schütteln,* wie Jesus den Jüngern erklärt.

Prophetentum wird nicht vererbt wie Stellungen von Adelsfamilien, Dynastien o. Ä., man kann es auch nicht wie einen Beruf aussuchen oder sich irgendwie erarbeiten. Es kann in jedem Job «der Job» sein, es kann aber auch aus einer gewohnten Tätigkeit herausholen und einen neuen Berufsweg einschlagen lassen. In der Kirche kann man hierzulande vieles hauptberuflich machen; in den meisten Gegenden der Welt lebt die Kirche jedoch von Ehrenamt und Almosen.

LIEDVORSCHLAG
«Gleichwie mich mein Vater gesandt hat, so sende ich euch» (KG 511)

16. Sonntag im Jahreskreis

IMPULS zum Evangelium: Mk 6,30–34

Kommt mit an einen einsamen Ort, wo wir allein sind, und ruht ein wenig aus! – Jesus lädt seine Mitarbeitenden ein, auszuruhen von ihrer Verkündigungstätigkeit. Was er schon den Ersten um ihn rät, sollten kirchliche Mitarbeitende sorgsam beachten. Es braucht immer wieder Zeiten und Kraftorte, um sich der Basis zu vergewissern.

Es geht nicht darum, «weltbeste, unermüdliche Seelsorgerin zu sein», da ginge es um die eigene Person; sondern es braucht immer wieder Zeiten des Hinhörens, was denn die Botschaft ist, ob das eigene Beispiel passend, unglaubwürdig, widersprüchlich war, und es braucht Raum zur Beschäftigung mit persönlichen Fragen, die notwendigerweise immer auch auftauchen.

«Exerzitien» nennt man Übungen der Seele, gern wird man auch zu «Oasentagen» eingeladen. Dieses Hinhörenwollen ist aber kein Selbstzweck; es geht nicht darum, «spirituellster aller Seelsorger» zu werden. Es soll dem Dienst dienen, nicht der Profilierung.

«Ruhe» in solchen Zeiten und Orten meint nicht «Abwesenheit von Geräuschen» – trotz Schweigens könnte kommuniziert werden in Gesten, Blicken oder gar mit dem lautlos gestellten Handy –; sondern «Ruhe» meint, in die Stille und die Mitte zu finden, um Gottes Stimme zu hören.

17. Sonntag im Jahreskreis

IMPULS zur Zweiten Lesung: Eph 4,1–6

Ich ... ermahne euch, ein Leben zu führen, das des Rufes würdig ist, der an euch erging. – Paulus ist im Gefängnis und schreibt an die Leute in Ephesus, dass es um Einheit geht und gerade die Verschiedenheit vom Geist Christi zeugt.

Über die Wirren der Kirchengeschichte hat sich das Papsttum als «Einheitsamt» herausgebildet. Nun kann man nicht den kirchlichen Beruf «Papst» anstreben; wohl aber könnte jeder zum Papst berufen werden, unabhängig von Ausbildung und Weihe. Also jeder, nicht «jede»! Jemand sagte einmal, es könne auch Berufungen geben, die die Kirche nicht annimmt. Beurteilt die Kirche die Qualität der Auswahl Gottes? Kriterien zur Klärung sind etwas anderes als Bedingungen.

Ein Leben, das des Rufes würdig ist? Die Amtskirche hat unter Umständen ihre Vorstellung, die sich mit der der einzelnen Gerufenen – und damit derjenigen Gottes – nicht unbedingt deckt. Ein Bemühen um Einheit meint sicher nicht Einheitlichkeit der Wege und Formen. Und es gilt in alle Richtungen: Auch das Amt muss sich um Einheit mit den vielfältigen Leben bemühen, nicht nur die Einzelnen sich um Einheit mit der Kirche. *Ein Leben führen, das des Rufes würdig ist,* das gilt auch den Amtsträgern, die Gottes Botschaft bezeugen sollen.

18. Sonntag im Jahreskreis

IMPULS zur Ersten Lesung: Ex 16,2–4.12–15

Die ganze Gemeinde murrte über Mose und Aaron in der Wüste. – Berufung zu Leitungsaufgaben setzt auch in der Kirche ein gewisses Mass an Frustrationstoleranz voraus. Gerade in der Kirche wird gern davon geredet, dass alle gleich und gleichberechtigt seien, sodass die Akzeptanz von Personen, Ämtern und Massnahmen nicht selbstverständlich ist.

Jeder kann die Bibel lesen; dennoch gibt es Bibelwissenschaftler, die sich mehr Kenntnisse erworben haben. Jede kann einen Gottesdienst gestalten, doch manche haben sich dafür eine Ausbildung angedeihen lassen. Eine Person, die hauptberuflich eine Gemeinde, ein Team leitet, dürfte das Gesamt besser im Blick haben als Einzelne, die einen Ausschnitt einer Problematik, eines Auftrags, gewisser Vernetzungen kennen. Gut ist, wenn Einzelsicht und Übersicht zusammenwirken.

Jede Seelsorgeperson hat ihre Erfahrungen damit, was alles dazugehört, einen Gemeindeausflug zu organisieren. Gehen Seelsorgende miteinander auf einen Ausflug, so benehmen sie sich der koordinierenden Person gegenüber aber nicht disziplinierter als andere Teilnehmer. Lassen wir gegeneinander einerseits Respekt und andererseits Milde walten.

19. Sonntag im Jahreskreis

IMPULS zu den drei Lesungen:
1 Kön 19,4–8 / Eph 4,30 – 5,2 / Joh 6,41–51

Nun ist es genug, nimm mein Leben. – *Jede Art von Bitterkeit, Wut, Zorn, Geschrei und Lästerung verbannt aus eurer Mitte.* – *Murrt nicht!* – Offensichtlich kann man unwillig werden, wenn man mit Gott zu tun hat; in allen drei Lesungen wird davon berichtet. Eigene Einsicht – und in diesen Fällen Kurzsicht – führt zum Wunsch, aufzugeben, in Ruhe gelassen zu werden, notfalls endgültig … oder zu Ärger untereinander.

Elija wird verfolgt wegen seiner Verkündigung, er ist müde und will sterben. Er hat bereits so sehr «genug», dass er zwar isst, was der Engel ihm zeigt, aber sich gerade wieder hinlegt. Erst beim zweiten Aufruf mit der Ergänzung *sonst ist der Weg zu weit* richtet sich sein Blick wieder nach vorn. Auch Paulus' Blick wird geweitet und Jesus stellt sein Auftreten in einen grösseren Rahmen: Es geht um Gottesbegegnung!

Beten wir für alle auf einem kirchlichen Berufsweg, dass sie nicht müde werden in Schwierigkeiten und Anfeindungen, und beten wir für uns alle, dass wir immer wieder nach vorn schauen, wohin es gehen soll, nicht zurück darauf, was nicht funktioniert haben mag. Urteilen wir nicht nach unserer aktuellen Gefühlslage, sondern vertrauen wir auf Gottes Vorsehung.

20. Sonntag im Jahreskreis

IMPULS zur Ersten und zur Zweiten Lesung:
Spr 9,1–6 / Eph 5,15–20

Lasst ab von der Torheit, damit ihr lebt! – Nutzt den rechten Augenblick! – So spricht «die Weisheit», so spricht auch Paulus. Letzterer jedoch hat ein wenig Sorge, dass die Epheser etwas verpassen. Man soll «den Kairos an der Locke packen», sagt man. Der Gott «Kairos» aus der griechischen Mythologie hat an der Stirn eine Locke und hinten eine Glatze; er rennt vorbei, und wenn man ihn nicht an der Locke erwischt, schafft man es auch nicht mehr von hinten. Kairos ist die rechte Zeit, in der Entscheidungen gefällt werden (sollen). Es ist die Kunst jedes Tages, in der einfach ablaufenden Zeit (griechisch: «chronos») die erfüllte Zeit («kairos») zu erkennen. Für Christen ist dies gleichbedeutend mit der Präsenz Gottes und mit Entscheidungen in dessen Angesicht für den eigenen Lebensweg.

Manche Entscheidungen kann man nur in einem gewissen Alter treffen; biologische Grenzen und Lebenserfahrung sind nicht einzuholen. Andere Qualitäten können jedoch an die Stelle treten; insofern könnte man doch auch sagen: «Es ist nie zu spät.» Manche kirchlichen Berufe kann man jederzeit beginnen, für andere gibt es eine günstige Zeit.

LIEDVORSCHLAG
«Jetzt ist die Zeit, jetzt ist die Stunde ...»

21. Sonntag im Jahreskreis

IMPULS zur Ersten Lesung und zum Evangelium:
Jos 24,1–2a.15–17.18b / Joh 6,60–69

Wenn es euch nicht gefällt, dem Herrn zu dienen, dann wählt euch heute, wem ihr dienen wollt. – *Viele, die Jesus zuhörten, sagten: Was er sagt, ist unerträglich, wer kann das anhören? Daraufhin zogen sich viele Jünger zurück.* – Irgendwann braucht es eine Entscheidung; dauerndes Hadern und Zaudern dient niemandem. Die Leute um Josua weisen ein Gehen weit von sich, und auf Jesu Frage antwortet Petrus: *Zu wem sollen wir gehen? Du bist der Heilige Gottes.* Für Glaubende gibt es also keine Alternative. Alternativlosigkeit ist dabei keine Enge, sondern ein Angekommensein, eine Erfülltheit, ein Glück, das nichts anderes mehr sucht.

Halbherzigkeit lähmt einen selbst und die anderen ebenso. Es gibt in der Berufung kein Ziel von aussen, das erreicht werden muss, bei dem es knirscht und bei dem mit Mühe versucht wird, es angenehmer zu machen; es gibt nur das innere Ziel und das ist leicht, fraglos, energievoll … grosszügig, nicht knausrig.

Besinnen wir uns: Was macht mir Mühe? Was fällt mir leicht? Wo mache ich «Dienst nach Vorschrift», wo Überstunden, ohne zu zählen? Wo schiele ich nach Alternativen? Wo käme ich nicht auf die Idee, auch nur darüber nachzudenken? Wo bin ich ich selbst?

22. Sonntag im Jahreskreis

IMPULS zur Zweiten Lesung: Jak 1,17–18.21b–22.27

Werdet Täter des Wortes, nicht nur Hörer, sonst betrügt ihr euch selbst. Ein makelloser Dienst besteht darin, für Waisen und Witwen zu sorgen. – Dieses Werk der Barmherzigkeit, wie auch Kranke und Gefangene besuchen, Hungernden und Durstigen etwas geben, Nackte kleiden, Tote begraben, kann man heute caritatives Tun nennen. Sich auf die Seite der Schwachen zu stellen, mag verschiedene Gestalt annehmen: etwas geben, damit andere etwas tun können, irgendwo persönlich hinsehen und hinstehen, Interesse zeigen und spüren lassen: Du bist nicht allein!

Caritas ist der Name eines grossen Sozialwerkes der Kirche. Die Mitarbeitenden haben ein Ohr für die Anliegen unserer heutigen Armen (Alleinerziehende, Kranke, Vertriebene ...); sie entwerfen Hilfsmöglichkeiten, beraten und begleiten auf schwierigen Wegen, nehmen politisch Stellung, arbeiten wissenschaftlich Zusammenhänge auf u. v. m. Caritas ist ein Sich-an-die-Seite-Stellen auf Augenhöhe. Wir alle können uns fragen: Welche Not kenne ich in meinem Umfeld? Wie kann ich meine Anteilnahme zeigen? Habe ich ein Talent, das ich beruflich einsetzen könnte?

LIEDVORSCHLÄGE

«Ubi caritas et amor, Deus ibi est» (Taizé)
«Ich möcht', dass einer mit mir geht, der's Leben kennt, der mich versteht ...» (EG 209)

23. Sonntag im Jahreskreis

IMPULS zur Ersten Lesung: Jes 35,4–7a

Sagt den Verzagten: Habt Mut!, heisst es beim Propheten Jesaja. In der Seelsorge gibt es kaum etwas Schöneres, als Verzagten Mut zuzusprechen. Dankbar schaut man in ein strahlendes Gesicht, das zuvor von Sorgenfalten gezeichnet war, spürt ein Aufrichten und Erstarken, zunehmende Kreativität und Flexibilität. Eine sich verloren fühlende Person kann ihr Leben wieder selbst in die Hand nehmen. Dankbar empfindet man, das Wirken Gottes nicht nur zu verkünden, sondern auch erleben zu dürfen.

Verzagte lernen, für sich selbst zu sprechen, Sorgen zu äussern, Rechte einzuklagen; sie bleiben nicht sprachlos angesichts des eigenen Leids. Diese zwischenmenschliche Situation ist auch institutionalisiert zu finden: Die Kommission Justitia et Pax setzt sich – wie der Name sagt – ein für Gerechtigkeit und Frieden. Mitarbeitende in Ethikkommissionen sprechen für die, die verstummt sind. Auch kostenlose kirchliche Beratungsstellen für Jugend, Ausbildung, Ehe, Schwangerschaft, Schulden, Alter und vieles mehr sowie Anlaufstellen wie die Telefonseelsorge machen Mut.

LIEDVORSCHLÄGE
«Macht die erschlafften Hände wieder stark» (Alexander Bayer), aus: Liedbuch «Nacht-Wandler. Abendgesänge»
Lied zu Mk 7: «Wir haben Gottes Spuren festgestellt» (EG 648)

24. Sonntag im Jahreskreis

IMPULS zur Ersten und zur Zweiten Lesung:
Jes 50,5–9a / Jak 2,14–18

Jeden Morgen weckt er mein Ohr. Ich habe mich nicht gewehrt, bin nicht zurückgewichen. – Jesaja spricht vom Ruf Gottes: *Gott, der Herr, hat mir die Zunge gegeben, dass ich verstünde, den Müden zu stärken durch ein liebes Wort. Meinen Rücken bot ich denen, die mich schlugen ... ich mache mein Gesicht hart wie Kiesel.*

«Die Müden stärken durch ein liebes Wort» – das könnte eigentlich ein guter täglicher Vorsatz für jede und jeden von uns sein. Mentoring, Patenschaft oder Hausaufgabenhilfe, Ersatzoma sein, Ersatzfreundin sein sind dessen institutionalisierte Formen. Die dabei erfahrbare Verlässlichkeit nach Erfahrungen der Unstetigkeit und des Ausgeliefertseins zeugt von Gottes Verlässlichkeit.

Dem Ruf Gottes nicht ausweichen, sondern sich allem, was zu der Aufgabe gehört, aussetzen, ist auch eine Herausforderung in Krankenseelsorge, Palliative Care, Beratungstätigkeit, Caritas, Behindertenseelsorge oder Einwicklungseinsatz u. v. m.; oft werden die Mitarbeitenden dabei ihr Gesicht «hart wie Kiesel» machen (müssen).

Auch der Jakobusbrief betont, dass der Glaube tot ist, wenn er nicht zu Taten führt.

25. Sonntag im Jahreskreis

IMPULS zu den drei Lesungen:
Weish 2,1a.12.17–20 / Jak 3,16 – 4,3 / Mk 9,30–37

Ihr erhaltet nichts, weil ihr nichts erbittet. – Wenn wir hier im Gottesdienst miteinander feiern, so gehen wir davon aus, dass wir auf unsere Fragen, entweder durch Gott oder durch die betende Gemeinschaft, Antworten erhalten. Wenn wir nicht davon ausgingen, wären wir am falschen Ort, denn wir sind nicht Gott zuliebe hier, sondern uns zuliebe.

Der Blick auf die Gemeinschaft soll eigentlich der der Familie, des freundschaftlichen Miteinanders sein, doch sicher sind auch Gefühle der Konkurrenz, wie sie im Weisheitstext und im Jakobusbrief stehen, nicht ausgeschlossen; auf die Spitze treiben es die Jünger, die wissen wollen, wer von ihnen der Grösste sei.

Schielen wir in unserer Feier nach rechts und links, wer sich da wie verhält, dann sind wir weder recht bei uns noch recht bei Gott. Kommen wir in diese Feier mit unseren Gedanken und Wünschen, tragen wir sie vor Gott und bitten wir um Antwort!

Das setzt voraus, dass man sie sich nicht schon selbst gegeben hat, sich nicht schon selbst beurteilt hat, sondern offen ist für einen Ruf. Sonst *erhaltet ihr nichts, weil ihr nichts erbittet.*

26. Sonntag im Jahreskreis

IMPULS zur Ersten Lesung und zum Evangelium:
Num 11,25–29 / Mk 9,38–43.45.47–48

Wenn doch nur das ganze Volk zu Propheten würde. – Wer nicht gegen uns ist, ist für uns! – Heute hören wir in den Lesungen von der totalen Entspanntheit geschädigter Personen; wahrer Genius spricht aus den nahezu gleichen Reaktionen von Mose und Jesus. «Andere» haben den Erfolg eingeheimst, den die eigenen Leute für sich, ihr Team, ihr Projekt reklamieren möchten.

Zu Mose ging einer «anzeigen», dass zwei andere in prophetische Verzückung gerieten. Er antwortete: *Wären es doch nur alle!*

Die Jünger stört, dass ein Außenstehender in Jesu Namen Dämonen austreibt, aber Jesus nimmt ihnen den Wind aus den Segeln: *Keiner, der meinen Namen benutzt, wird schlecht reden.*

Es gibt in der Verkündigung der frohen Botschaft keine Namensrechte, keinen Patentschutz, keine Zitationsregel – was gut ist, soll weitergegeben werden; wer es am Anfang «erfunden» hat oder wer es nachmacht oder wer kongenial ist, ist zweitrangig. Wie viel Zeit und Kraft wird heute verbraucht, um nicht in urheberrechtliche Fettnäpfchen zu treten – und wie erfolgreich sind Modelle der «freeware», wenn Gedanken, Bilder, Ideen geteilt statt reserviert werden. Multiplikatoren erwünscht!

27. Sonntag im Jahreskreis

IMPULS zur Ersten Lesung: Gen 2,18–24

Das endlich ist Bein von meinem Bein und Fleisch von meinem Fleisch. – Die Sehnsucht, etwas Entsprechendes zu finden, verstanden zu werden, sich weiterzuentwickeln, spricht aus der heutigen Lesung, eine Suche nach Ergänzung und Vervollkommnung, wo man sich einzeln als unfertig empfindet. Sehnsucht und Entsprechung gehen so weit, dass man alles, was einem lieb war, zurücklässt: *Darum verlässt der Mann Vater und Mutter und hängt an seiner Frau.* «Ein Fleisch werden» meint eine Einheit, eine eigene Familie, nicht mehr Teil der Herkunftsfamilien sein, in dem Sinne, dass die erste Solidarität und Loyalität nun der neuen, gewählten Partnerschaft und Kleinfamilie gilt.

In Berufen der Kirche findet man oft die Frage: Mit wem bist du eigentlich verheiratet? Die Tätigkeiten von kirchlichen Angestellten sind oft gerade in Familienzeiten gefragt – abends, sonntags und an Weihnachten –, oft sind sie zeitlich schlecht kalkulierbar: «Ich mach' nur kurz …», und Stunden später heisst es: «ja und dann kam da noch». Wo ist die erste Pflicht?

Es heisst übrigens: Vater und Mutter verlassen, nicht: Ehefrau, Ehemann oder Kinder.

28. Sonntag im Jahreskreis

IMPULS zu den drei Lesungen:
Weish 7,7–11 / Hebr 4,12–13 / Mk 10,17–27

Ich betete, und es wurde mir Klugheit gegeben, ich flehte, und der Geist der Weisheit kam zu mir. Ich zog sie Zeptern und Thronen vor. Ich liebte sie mehr als Gesundheit und Schönheit; zugleich kam alles Gute zu mir, unzählbare Reichtümer. – Dieses Lob der Weisheit ist dem König Salomo in den Mund gelegt. Ein Gebet! Ein Gespräch mit Gott. Ein Sich-Beraten mit Gott.

Hier klingt Beten entspannend, alles wird leicht und gelingt. Dem Betenden wird das Weltliche noch dazugegeben – das, was im Evangelium der Reiche, der schon alle Gebote hält und meint, ganz nah zu sein, nicht herzugeben fähig ist, um Jesus ganz nachzufolgen.

Im Hebräerbrief ist eine andere Gebetserfahrung beschrieben: *Lebendig ist das Wort Gottes, es dringt durch bis zur Scheidung von Gelenk und Mark.* Mit Präzision kommen Regungen an den Tag!

Legen wir die Frage nach unserer Berufung Gott vor und riskieren beiderlei: dass es leicht ist oder dass es durch Mark und Bein geht. Aber in beiden Fällen wird etwas klar. Berufung heisst, es geht um das eigene Leben … in Fülle, in Ewigkeit, um den Sinn, das Nicht-Umsonst, das eigene Zeugnis gegen den Tod.

29. Sonntag im Jahreskreis

IMPULS zur Zweiten Lesung und zum Evangelium:
Hebr 4,14–16 / Mk 10,35–45

Wir haben ja nicht einen «Hohenpriester», der nicht mitfühlen könnte … Ihr werdet den Kelch trinken, aber mehr kann ich euch nicht versprechen … – Das Leiden in der Nachfolge Christi hat für manche einen sehr frommen Aspekt. Es gibt Personen und Gemeinschaften der Kirche, die diesem Apostolat folgen. Ganz weltlich-nüchtern betrachtet ist es jedoch oft reine Konsequenz einer Aussage, eines Handelns. Man muss Leid nicht suchen. Es kommt schon von allein.

Jesus verherrlicht das Leiden nicht, sondern durchleidet es. Für ihn ist es unausweichlich, wenn er sich und der Botschaft Gottes gegenüber treu bleiben will. Treue und Wahrhaftigkeit sind das Ziel. Märtyrerzeugnisse sprechen davon. Es gibt Menschen, die für ihre Überzeugung lautstark auf die Strasse gehen, und es gibt solche, die still an je ihrem Ort bedeutende Weichen stellen – der Plan Gottes wird durch sie alle gelingen.

Der Hebräerbrief tröstet: *Nicht nur im Leiden ist Jesus uns gleich, sondern auch in Unsicherheit, Frage und Zweifel.* Jesus könnte Macht gewinnen, den Tod vermeiden, sich selbst darstellen, doch er ist auf diese Versuchungen nicht eingegangen. Er zeigt: Nicht das Versuchtwerden ist Sünde – Sünde ist, hinter den eigenen Möglichkeiten zurückzubleiben.

30. Sonntag im Jahreskreis

IMPULS zur Zweiten Lesung und zum Evangelium:
Hebr 5,1–6 / Mk 10,46–52

Keiner nimmt sich eigenmächtig diese Würde, sondern er wird von Gott berufen. – Im Brief an die Hebräer geht es um die Rechtfertigungen einer zweiten und dritten Generation der Gemeinde gegenüber ihrem wohl ablehnenden Umfeld und um die Erneuerung des Glaubens, worin sie möglicherweise müde geworden waren. Ob der Verfasser an Judenchristen schreibt (in alttestamentlichen Bildern) oder an Heidenchristen (weil vieles, was für Juden selbstverständlich ist, erklärt wird) ist unklar. Er ermahnt und ermuntert und erinnert.

In alttestamentlicher Tradition wird *ein Priester aus den Menschen gewählt und für die Menschen eingesetzt*; seine Eigenschaften klingen nach Profilen in heutigen Stellenausschreibungen: *Er ist fähig, mit den Unwissenden und Irrenden mitzufühlen, und ist sich seiner eigenen Schwachheit bewusst ...* Wir würden sagen: Er ist «team- und kritikfähig».

Wir sind viele Generationen weiter, mehr und mehr in ablehnendem Umfeld, müde vieler innerer und äusserer Kämpfe – wir brauchen Seelsorgende, die diese Fähigkeiten mitbringen oder erwerben. Ein Satz des Evangeliums kann uns dabei stärken: *Hab nur Mut, steh auf, er ruft dich!*

31. Sonntag im Jahreskreis

IMPULS zur Ersten Lesung und zum Evangelium:
Dtn 6,2–6 / Mk 12,28b–34

Höre, Israel! – Höre, du! *Du sollst den Herrn deinen Gott lieben mit ganzem Herzen, ganzer Seele ganzer Kraft!* – «Du sollst», das klingt anstrengend, und dann noch *mit ganzem Herzen, ganzer Seele, ganzer Kraft.* Kann ich das? Will ich das? «Lieben» – Gott – wie ginge das?
Höre! Gott ist einzig! – Wie könnte man anderes wollen? Natürlich richtet man sein ganzes Sein auf das Höchste, Beste, Einzige aus; das heisst doch wohl, an Sinn im Leben zu glauben!
Im Evangelium besteht Jesus die Prüfungsfrage des Schriftgelehrten, indem er das zitiert. Aber er ergänzt: *… und deinen Nächsten sollst du lieben wie dich selbst.* Der Schriftgelehrte anerkennt dies und vertieft es seinerseits mit einem Schriftzitat: Das sei *mehr als Brandopfer* (die Gott bekanntlich sowieso nicht gefallen).
Jeder ergänzt den Satz des anderen und zeigt damit die tiefe Einigkeit. Einfach einmal Ja sagen, wenn jemand etwas gut gesagt hat, nicht noch korrigieren oder kritisieren, sondern einfach Ja – wie entspannend! Solches gegenseitiges Verstehenwollen, die Aussage eines anderen eher zu retten als kleinzumachen, täte unseren kirchlichen Lehrdiskussionen gut – und mancher zwischenmenschlichen Begegnung auch.

32. Sonntag im Jahreskreis

IMPULS zur Ersten Lesung: 1 Kön 17,10–16

Geh heim und tu, was du gesagt hast. – Die Witwe in Sarepta, bei der Elija einkehrt, soll ihre letzten Vorräte für sein Essen geben, d. h. der Hungertod für sie und ihren Sohn könnte folgen. Wenn sie dem Auftrag folgt, riskiert sie alles!

Was riskieren wir in unserem Leben? Den guten Ruf? Ein gutes Einkommen? Die Gesundheit?

Alles drei kann man in der Tat in kirchlichen Berufen riskieren; manchmal sieht man Mitarbeitende mit Burnout; manchmal gibt es Anstellungen, für die es keine faire Entlohnung gibt; und schief angeschaut wird man hie und da auch, wenn man sonst noch als «normal» oder «ganz in Ordnung» durchgegangen wäre.

Riskieren wir wirklich so viel? Bei der Witwe, die gänzlich auf das Wort vertraut, werden der Mehltopf und der Ölkrug nicht leer. Sich für eine gute Sache einzusetzen, hat kaum einem guten Ruf geschadet; es gibt ein Einkommen, das ist nicht überall selbstverständlich; und die Berufszufriedenheit in diesem Umfeld ist in Statistiken immer mit am höchsten.

Riskieren wir unsere Ruhe und Gemütlichkeit? Es fragt sich, wie ruhig wir auf Dauer wirklich sind, wenn wir neben unserer Berufung herleben. Gehen wir heim und tun, was er uns sagt.

33. Sonntag im Jahreskreis

IMPULS zur Ersten Lesung: Dan 12,1–3

Die Verständigen werden strahlen wie der Himmel. Und die, die viele zum rechten Tun geführt haben, werden immer und ewig leuchten wie die Sterne. – Das ist doch anzustreben! Hier im Danielbuch wird erstmals im Alten Testament von einer Auferstehung gesprochen, was überhaupt nur ganz selten geschieht. Es wird das Bild gezeichnet, dass der Engelfürst Michael auftritt und von denen, die im Land des Staubes schlafen, von den Toten also, viele erwachen – die einen zum ewigen Leben, die anderen zu ewiger Schmach. Diejenigen, die auf dem richtigen Weg waren, «strahlen», und diejenigen, die anderen zum richtigen Weg verholfen haben, «funkeln» sogar.

Das Leuchten der Sterne lässt an die Orientierung denken, die sie Jahrtausende lang Menschen (z. B. Seeleuten) boten. Man kann auch an das Licht denken, das man auf Lebensfragen werfen kann. Mit anderen Menschen ihre Lebensmöglichkeiten auszuleuchten, ist *die* Aufgabe der Seelsorge schlechthin; es geht um jedes Menschen Leben in Fülle und um ewiges Leben. Es ist also nicht irgendetwas, das man tun oder auch lassen kann, es ist eine Ehrenaufgabe. Einander Engel sein heisst: retten, begleiten, warnen, aufmerksam machen – privat wie beruflich.

AUS EINEM GEDICHT VON WILHELM WILLMS

Welcher Engel wird uns sagen, dass das Leben weitergeht?
Welcher Engel wird uns zeigen, wie das Leben zu bestehn?

Christkönigssonntag

IMPULS zu den drei Lesungen:
Dan 7,2a.13b–14 / Offb 1,5b–8 / Joh 18,33b–37

Jeder, der aus der Wahrheit ist, hört auf meine Stimme. – In allen drei Lesungen des letzten Sonntags des Kirchenjahres geht es ums Königsein: Bei Daniel in der Vision vom Menschensohn; in der Offenbarung werden sowohl Christus wie auch wir als Könige bezeichnet, und im Johannesevangelium wird der entsprechende Ausschnitt des Gesprächs von Pilatus und Jesus vom Karfreitag wiederholt.

Jesus sagt dort: *Ich bin ein König, ich bin dazu in die Welt gekommen, dass ich für die Wahrheit Zeugnis ablege.* Die Würde des Königtums beinhaltet offensichtlich Wahrhaftigkeit. Die Wahrheit ist der Raum, in dem der Ruf Jesu und unsere Antwort sich treffen. Wer in der Wahrheit ist, versteht Jesus. Es klingt nach einem hohen Anspruch, und das ist es auch.

Wenn es in der Offenbarung heisst: *Er hat uns erlöst, zu Königen und Priestern gemacht,* sind weniger der Berufsstand als vielmehr Aufgaben bezeichnet. Könige und Priester sollen sich um ihre Mitmenschen sorgen; dazu sind wir als Getaufte alle berufen. Beten wir darum, dass wir in Wahrheit und Wahrhaftigkeit leben, um Gottes Stimme zu hören; beten wir für alle, die solche Aufgaben übernommen haben oder übernehmen werden.

Dreifaltigkeitssonntag

IMPULS zu den drei Lesungen:
Dtn 4,32–34.39–40 / Röm 8,14–17 / Mt 28,16–20

Hat man je solches gehört? – Das Geheimnis der Dreifaltigkeit ist nicht ein selbstzufriedenes Miteinander der göttlichen Personen, sondern immer Dialog mit der Welt: Vor aller Zeit spricht Gott sein Wort ins Sein, und der Geist ist allezeit bei uns. Die Geschichte Gottes mit den Menschen zeugt davon – sie ist ein Gespräch, ein Rufen und Antworten, ein Werben Gottes für seinen Weg, eine Einladung in aller Freiheit.

Zu Recht ruft Moses auf: *Forsche einmal in früheren Zeiten nach, ob sich je solches ereignet hat. Hat je ein Volk die Stimme Gottes gehört wie du? Gott ist Gott – keiner sonst.*

Und Paulus sagt den Römern: *Alle, die sich vom Geist leiten lassen, sind Kinder Gottes …; und sind wir Kinder, dann sind wir auch Erben Gottes und Miterben Christi.*

Und Jesus beruft die Jünger: *Macht alle Völker zu meinen Jüngern, tauft sie auf den Namen des Vaters und des Sohnes und des Heiligen Geistes …*

Der Dialog mit Gott muss nicht nur von Gott selbst ausgehen; auch wir können beginnen.
1) Forsche nach,
2) bitte um Geist
3) und folge dem, was du sollst …
… So könnte man es als Faustregeln zusammenfassen. Das sind gute Weisen, auf dem Weg zu Lebensentscheidungen weiterzukommen.

Allerheiligen

IMPULS zum Antwortpsalm und zum Evangelium:
Ps 24 (23),1–2.3–4.5–6 / Mt 5,1–12a

Aus allen Völkern hast du sie erwählt, die dein Angesicht suchen. – Gemeinschaft aller Heiligen ist Gemeinschaft aller Berufenen.

An Pfingsten wird der Heilige Geist über alle ausgeschüttet, und an Allerheiligen kann man sozusagen die Früchte des Wirkens sehen. Wir bekennen im Credo, dass wir an die Gemeinschaft der Heiligen glauben. Damit sind wir selbst gemeint; die erste Bezeichnung für Christen war «die Heiligen».

Allerheiligen ist also das Fest der Gemeinschaft der Berufenen; Gemeinschaft sowohl mit den bereits Verstorbenen, die uns vorausgingen, Beispiel gaben, die erkannt – und daher heilig «gesprochen» – wurden, wie auch mit den Lebenden, die wir alle noch auf dem Weg sind, nach Heiligkeit streben, unsere Berufung suchen und versuchen, den Auftrag Gottes zu leben.

Die Vielzahl und Vielfalt der beispielhaften Leben zeigen uns, dass der Ruf Gottes für je uns einzigartig ist. Die Anforderung für das Sich-heiligmässig-Verhalten ist ganz persönlich; so kann sich niemand aus diesem Anspruch herausziehen, ob Hirtin oder König, ob Bischof oder Bankerin, ob Cyber-Apostel, Gärtner oder Professorin, ob Familienfrau oder Politiker ... ergänzen Sie Ihren Beruf. Alle Berufe kann man in der oder für die Kirche leben.

ANREGUNGEN

Vgl. die Gedanken zur Allerheiligenlitanei der Osternacht

Ein Übersetzungsversuch für die Seligpreisungen (Mt 5,1–12):

Berufen seid ihr, anspruchslos zu empfinden.
Berufen seid ihr, zu lieben über Verlust hinaus.
Berufen seid ihr, sanftmütig zu leben.
Berufen seid ihr, nach Gerechtigkeit zu streben.
Berufen seid ihr, mit Güte zu wirken.
Berufen seid ihr, reinen Herzens zu werden.
Berufen seid ihr, Frieden zu stiften.
Berufen seid ihr, auszuharren und euch zu freuen.

(Petra Leist, 2020)

Lesejahr C
Thomas Leist

1. Adventssonntag

IMPULS zum Evangelium: Lk 21,25–28.34–36

Es werden Zeichen sichtbar werden an Sonne, Mond und Sterne, und auf der Erde werden die Völker bestürzt und ratlos sein über das Toben und Donnern des Meeres. Die Menschen werden vor Angst vergehen, denn die Kräfte des Himmels werden erschüttert werden. Dann richtet euch auf und erhebt eure Häupter.

Dies ist vielleicht einer der schönsten Berufungstexte und man muss ihn sehr eindrucksvoll lesen. Da ist eine wahre Apokalypse, schier der Weltuntergang – und genau dort, wo man die Angst gerade so richtig nachspüren kann, plötzlich der Satz: *Dann erhebt eure Häupter. Geht nicht in Deckung, sondern richtet euch auf!*

Wenn wir in allen Anfragen, allen kleinen Erdbeben unseres Alltags, allem Toben und Donnern nicht den Kopf einziehen, sondern uns aufzurichten wagen, kann nichts und niemand uns daran hindern, unserer Berufung, unserer Sehnsucht zu folgen und erhobenen Hauptes und frohen Geistes unseren Weg zu gehen in eine verheissene Zukunft. Dazu nämlich sind wir berufen.

2. Adventssonntag

IMPULS zum Evangelium: Lk 3,1–6

«Ihr Auftrag, sollten Sie ihn annehmen …» – so begannen jeweils die Filme der Serie «Mission impossible», die doch immer nur eines gezeigt hat: Das schier Unmögliche wurde möglich.

Und fast scheint unser Evangelium so zu beginnen. Zwar wird dort über Johannes erzählt, doch eigentlich ist das, was berichtet wird, auch unser Auftrag: *Da erging in der Wüste das Wort Gottes an Johannes. Und er verkündete die Vergebung der Sünden, wie im Buch Jesája geschrieben steht: Die Stimme des Rufers in der Wüste: Bereitet den Weg des Herrn!*

Drei Teile also, die uns Auftrag sind:
1. In der Wüste erging das Wort, also in Stille und Zurückgezogenheit – nicht auf vollen Weihnachtsmärkten.
2. Wir sollen die Vergebung der Schuld verkünden, nicht Moralpredigten halten.
3. Wir sollen dem Herrn den Weg bereiten; wissend, dass er kommt und dass nicht wir schon das Mass aller Dinge sind.

Das ist die Berufung der Kirche, das ist die Berufung all derer, die sich in einen kirchlichen Dienst stellen – Ihr Auftrag, sollten Sie ihn annehmen.

3. Adventssonntag

IMPULS zum Evangelium: Lk 3,10–18

Ich weiss nicht, wie es Ihnen geht, aber wenn man an Johannes den Täufer denkt, dann kann man sich leicht einen radikalen Busspediger vorstellen, der den Menschen einheizt. Nur: Den zeichnet das heutige Evangelium nicht. Menschen fragen Johannes, was sie tun sollen, und er antwortet: *Wenn einer hungert, dann gib ihm was, sofern du selbst genug hast. Wenn du Zöllner bist, verlang nicht mehr, als festgesetzt ist. Und als Soldat misshandle niemanden. Mach, was recht ist!*

Und genau darin beginnt Berufung: Christsein, das heisst mitten im Leben genau das zu tun, was recht ist. Und was ist dann das spezifisch Christliche? Der Antrieb, die Motivation – und nicht die Handlung. Christinnen und Christen handeln nicht, um die Welt zu verändern, sondern um zu zeigen, dass sie sich bereits in Christus verändert hat. Sie handeln aus der Überzeugung, dass ihnen alles im Leben durch Gott geschenkt ist – sie handeln aus Dankbarkeit. Und deshalb beginnt jede Berufungsprüfung mit der Frage: Spüre ich, dass ich nichts Besonderes tun muss, weil das absolut Besondere längst geschehen ist?

4. Adventssonntag

IMPULS zum Evangelium: Lk 1,39–45

Da wurde Elisabet vom Heiligen Geist erfüllt und rief mit lauter Stimme: Gesegnet bist du unter den Frauen und gesegnet ist die Frucht deines Leibes. Wer bin ich, dass die Mutter meines Herrn zu mir kommt?

Wissen Sie, was wir da heute hören? Es ist das erste Glaubensbekenntnis im Neuen Testament. Elisabet verkündet – vom Heiligen Geist erfüllt – Jesus als den Herrn. 30 Jahre später tut Petrus das Gleiche – und wird der erste Papst. Hätte Jesus schon vor der Geburt reagieren können, wir hätten eine Päpstin …

Aber im Ernst: Tatsächlich beginnt Berufung immer genau so, wie Elisabet es uns zeigt: in einem völlig mit Freude erfüllten eigenen Glaubensbekenntnis. Und dabei sind eben beide Teile entscheidend: das Bekenntnis und die Freude. Was erfüllt uns so sehr mit Freude?

Weihnachten (am Tag)

IMPULS zum Evangelium: Joh 1,1–18

Im Anfang war die Arbeit
und die Arbeit war beim Menschen.
Und der Mensch war seine Arbeit,
im Anfang war sie bei ihm.
Alles ist durch die Arbeit geworden
und ohne die Arbeit wurde nichts, was geworden ist.
In ihr war Leben
und das Leben war das Licht der Menschen.
Doch das Licht leuchtete nicht in der Finsternis
und die Finsternis hat es erfasst.

*Das wahre Licht, das jeden Menschen erleuchtet,
kam in die Welt, aber die Welt erkannte ihn nicht.
Allen aber, die ihn aufnahmen, gab er die Macht, sie selbst zu werden;*
die nicht aus der Arbeit bestehen, nicht aus dem Willen, nicht aus ihren Werken – sondern die aus Gott geboren sind.

Berufung heisst nicht, sich etwas zu erarbeiten, sondern sich etwas schenken zu lassen.

Fest der Heiligen Familie

IMPULS zum Evangelium: Lk 2,41–52

«Herr, unser Gott, in der Heiligen Familie hast du uns ein leuchtendes Vorbild geschenkt. Gib unseren Familien die Gnade, dass auch sie … in Eintracht leben und einander in der Liebe verbunden bleiben.»

Irgendwie kann man den Eindruck haben, dass, wer immer das heutige Tagesgebet formuliert hat, ein anderes Evangelium gelesen haben muss. Denn im heutigen Evangelium ist die Rede von einem Zwölfjährigen, der auf der Pilgerreise einfach abhaut, den die Eltern drei Tage lang suchen und der nur schnippisch zur Antwort gibt: *Hättet ihr euch doch denken können, wo ich bin.*

Und doch steckt genau darin das Vorbild für jede Familie und der Zugang zu unserer Berufung: Keineswegs immer den gleichen Weg zu gehen, sondern zu tun, was einem wirklich entspricht, und genau dann auch das Unverstandene stehenzulassen, im Herzen zu bewahren.

Wir können unsere Sehnsucht nicht immer erklären, aber wir sollten ihr folgen auch dann, wenn andere uns «mit Schmerzen suchen», wie es im Evangelium heisst, denn letztlich müssen auch wir in dem sein, was uns ins Leben ruft. Beten wir darum, dass Eltern dies dem Kind schenken, denn solche Kinder werden später auch ihrer eigenen Berufung leichter zu folgen wagen.

1. Januar – Hochfest der Gottesmutter Maria

IMPULS zum Evangelium: Lk 2,16–21

Am ersten Tag des Jahres feiern wir das Hochfest der Gottesmutter Maria, und das aus gutem Grund: Denn nicht nur das neue Jahr, ein neues Leben hat begonnen mit dem Geschehen von Weihnachten, dessen Oktavtag ja heute ist, und es gilt daran zu erinnern, dass dieses neue Leben nur möglich war durch diese Frau. Sie steht am Anfang der Weihnachtsgeschichte, am Anfang des Neuen, am Anfang des neuen Jahres.

Doch wenn wir dann das heutige Evangelium lesen, hören wir wenig von Maria – nur dass sie im Herzen erwog und bewahrte, was die Hirten sagten.

Und genau dies ist der Kernpunkt von Berufung: Bewahren, im Herzen behalten, was Gott uns geschenkt hat – unser Leben, seinen Bund, Freiheit. Das grosse jüdische Gebet erinnert: *Gedenke, ich bin der Gott, der dich aus Ägypten herausgeführt hat.* Erwägen, das kommt von «wiegen», einer Sache Gewicht beimessen.

Mögen auch wir zum Jahresbeginn nicht nur bedenken, was zu ändern ist, sondern auch im Herzen bewahren, was uns in unserer Berufung gegeben ist, und ihm Gewicht beimessen.

Erscheinung des Herrn

IMPULS ZUM Evangelium: Mt 2,1–12

Die Weisen aus dem Morgenland. Wo mögen sie gestartet sein? Was immer man so an Möglichkeiten bedenkt, es ergibt sich daraus eine Strecke von mindestens 1000 km. Was für eine Sehnsucht muss einen Menschen antreiben, der eine solche Strecke auf sich nimmt – zu Fuss, per Kamel, zumindest mal nicht bequem im Auto.

Die Weisen aus dem Morgenland – sie sollten eigentlich die Schutzpatrone aller Berufungen sein, denn sie haben genau das getan: Ohne genau zu wissen, was sie erwartet, sind sie einer Sehnsucht gefolgt und haben sich auf den Weg gemacht.

Wir müssen nicht Menschen erklären, wie sie in einen kirchlichen Dienst finden, aber wir müssen Menschen ermutigen, ihre Sehnsucht zu Bewegung werden zu lassen.

ZUR ENTLASSUNG

Wenn die heiligen drei Könige drei Königinnen gewesen wären? – Sie wären pünktlich dagewesen, um bei der Geburt zu helfen. Danach hätten sie alles weggeräumt, die Mutter und das Kind versorgt und den Stall sauber und gemütlich gemacht. Die Geschenke, die sie dabeigehabt hätten, wären ganz bestimmt brauchbarer gewesen.

Taufe des Herrn

IMPULS zum Evangelium: Lk 3,15–16.21–22

Wenn ich Sie frage, welches Tier für Sie mit Pfingsten verbunden ist, werden Sie wahrscheinlich die Taube nennen. Nur kommt die Taube am Pfingstfest gar nicht vor; einzig heute, bei der Taufe des Herrn, berichten alle vier Evangelien davon, dass der Heilige Geist wie eine Taube auf Jesus herabkam.

Die Taube – bis heute ein Zeichen des Heiligen Geistes und des Friedens – wieso eigentlich? Weil die meisten Taubenvögel keine Galle haben, nichts Bitteres also, und daher besonders friedvoll und rein wirkten.

Nun, ob dem Heiligen Geist nicht bisweilen gerade heute die Galle hochkäme angesichts der kirchlichen Gegenwart, mag ebenso offen bleiben wie die Frage, ob die Berufung zur Seelsorge immer ganz voller Frieden sein muss.

Berufung hat jedenfalls etwas damit zu tun, so hören wir im Evangelium, dass der Heilige Geist herabkommt, und das geschieht sehr unspektakulär; eine Taube ist kein Adler. Aber noch immer ist der Zuspruch Gottes in jeder Berufung der gleiche: *Du bist meine geliebte Tochter, mein geliebter Sohn.* Machen wir etwas daraus.

Und übrigens ist es leider eine Tatsache, dass auch das Faultier keine Galle hat.

Aschermittwoch

IMPULS zum Evangelium: Mt 6,1–6.16–18

Bedenke, Mensch, dass du Staub bist und wieder zum Staub zurückkehren wirst. Dieser Satz aus der Genesis hat ohne Zweifel das Zeug, uns so richtig in die Busszeit einzuführen. Er macht uns reuig. Nur ist er eigentlich als Einzelsatz heute eine Häresie. Denn er müsste richtig lauten: *Gedenke, Mensch, du bist aus Liebe, und zur Liebe wirst du zurückkehren.* Denn im Glauben ist Gott der Ursprung allen Lebens (nicht das Baumaterial, was übrigens wohl eher Wasser wäre), und ebenso bekennt die Kirche eine leibliche Auferstehung der Toten – anders als zur Zeit der Niederschrift der Genesis. Nur würde der Satz *Gedenke, Mensch, du bist aus Liebe, und zur Liebe wirst du zurückkehren* uns nicht so reuig machen – oder doch? Eigentlich sogar noch mehr, denn wenn wir begreifen, dass wir aus Gottes Liebe sind, dann ist uns unser liebloses Verhalten noch viel peinlicher. Und nichts ist so unangenehm wie eine völlig straflose Vergebung; wie viel leichter fällt es uns da, eine Strafe anzunehmen? Und doch ist das der Beginn, den Ruf Gottes zu hören und darauf zu antworten: *Gedenke, Mensch, du bist aus meiner Liebe, du bist immer in meiner Liebe und lebst auf sie hin.* Das ist sein Ruf, der Berufung werden will.

1. Fastensonntag

IMPULS zum Evangelium: Lk 4,1–13

Wir hören heute im Evangelium von der Versuchung Christi in der Wüste. Und dieses Evangelium ist – wenn wir es einmal ganz unter dem Blickwinkel der Berufung anschauen – wohl das traurigste Evangelium, das wir haben, denn es zeigt uns, woran Berufung und Kirche immer wieder scheitern. Es geht um die Macht, zu der Jesus verführt werden soll, und es erinnert uns daran, dass viele in der Kirche eben diese Macht missbraucht haben – gipfelnd in den sexuellen und spirituellen Übergriffen. Aber der Machtmissbrauch beginnt überall dort, wo ich meine Berufung dazu missbrauche, die eigenen Bedürfnisse zu stillen: die physischen (Brot), die psychischen (gesellschaftliche Stellung) und die religiösen (Dienst der Engel).

Berufung heisst, der Versuchung, Macht zu haben, zu widerstehen. Ein einfacher Berufungstest: Wonach strebe ich? Wenn Anerkennung oder Einflussnahme unter den ersten drei Antworten ist, sei empfohlen, noch einmal das heutige Evangelium zu lesen.

2. Fastensonntag

IMPULS zum Evangelium: Lk 9,28b–36

Jesus wird auf dem Berg verklärt und begegnet Mose und Elija. Und was dann kommt, zeigt uns wunderbar die Gefahr jeder Berufung und der kirchlichen Wirklichkeit: Petrus will drei Hütten bauen, eine für Jesus, eine für Mose und eine für Elíja. Er will der Begegnung, dem Heiligen, einen festen Ort geben. Und tatsächlich: Wenige Jahre später haben die Christen begonnen, Hütten zu bauen, Kirchen, Orte der Begegnung mit Gott. Und das Zentrum, in dem Christus gegenwärtig ist im Brot des Lebens, diesen Ort nennen wir Tabernaculum – Hütte.

Nur passierte in der Folge, was im heutigen Evangelium noch verhindert wurde. Immer mehr kam der Eindruck auf, man könne in die Begegnung mit Gott eintreten und wieder aus ihr heraustreten, in die Kirche gehen und sie wieder verlassen. Berufung aber beginnt dort, wo die Begegnung mit Gott keinen festen Ort hat, wo das Geheimnis der Gegenwart im Augenblick durchscheint. War ich schon einmal Zeuge der Verklärung und wo war das? Wo verklärt und erklärt sich mein Leben, wo geschieht Begegnung mit dem Heiligen in meinem Leben? Erst wenn ich diesen Punkt gefunden habe, kann ich von ihm ausgehen, nachfolgen – den Punkt aber festzumauern, wäre fatal.

3. Fastensonntag

IMPULS zum Evangelium: Lk 13,1–9

Ein Theologe erzählt: «In meinem ersten Semester war ich ein fleissiger Student. Ich bin in jede Vorlesung gegangen und habe genau zugehört. Am Ende des Semesters kamen die Prüfungen, drei waren es. Und dreimal habe ich am Ende der Prüfung den gleichen Satz gehört: Es reicht nicht. Ich war schockiert, bis ich begriff, warum es nicht gereicht hatte: Ich hatte alles in mich aufgenommen. Aber es selbst bedacht, das, was ich gehört hatte, selbst fruchtbar gemacht hatte ich nicht – und das reichte nicht.»

Das Evangelium heute beschreibt das Gleiche: Es berichtet von einem Feigenbaum, der in einem Garten steht und keine Frucht bringt. Gott, der Gärtner, denkt darüber nach, ihn umzuhauen. Es ist in der Kirche letztlich wie im Studium: Im Garten zu stehen – in der Kirche zu stehen – und die Stoffe der Erde, die Energie Gottes, aufzunehmen, reicht nicht. Wir sind dazu aufgerufen, fruchtbar zu werden. Berufung beginnt erst dort, wo ich meinen Glauben für andere fruchtbar mache.

NACH DER KOMMUNION

Wir brauchen viele Früchte:
- süsse wie die Feigen: anderen Menschen wohltun;
- saure, die – wie die Zitronen – konservieren, Nahrung vor dem Verderben bewahren;
- exotische, die – wie die Litchi – unseren Blick weiten über unsere Grenzen hinaus.

4. Fastensonntag

Impuls zum Evangelium: Lk 15,1–3.11–32

Wir hören heute eines der bekanntesten Gleichnisse der Bibel: die Heimkehr des verlorenen Sohnes. Und dieses Gleichnis ist ein wahrer Berufungstest. Wo beginnt die Berufung? In der Einsicht, in der Umkehr, in der Vergebungsbitte? Übrigens, das Spannende – was unseren kirchlichen Alltag selten prägt –: Der schuldig gewordene Sohn bekommt keine Strafe, keine Bussauflage, beispielsweise drei Jahre lang das Klo zu reinigen oder wenigstens drei Rosenkränze zu beten. Bedingungslose Vergebung.

Und nun kommen wir zum Berufungstest. Nein, es geht nicht um den heimkehrenden Sohn, es geht um den Bruder. Der nämlich kann damit nicht leben. Der brave Sohn kann die Vergebung nicht ertragen. Wie geht die Geschichte aus? Lässt sich der ältere Bruder überzeugen? – Wir erfahren es nicht. Jesus lässt offen, wie die Geschichte ausgeht. Er muss es offen lassen, denn wir selbst sind es, die seine Erzählung zu Ende bringen. Wir alle sind nicht nur die verlorenen Söhne und Töchter; in jedem von uns steckt auch der «korrekte Bruder». – Das ist der Berufungstest: Können wir Gottes Vergebung anderen gegenüber mitfeiern? Nur dann sollten wir ein Amt in der Kirche anstreben.

5. Fastensonntag

IMPULS zum Evangelium: Joh 8,1–11

In der Biologie kennen wir das «umorientierte Verhalten», etwa bei Silbermöwen, die an Grasbüscheln reissen, wenn die Nachbarmöwe ihr Territorium verletzt. Umorientiertes Verhalten dient dazu, Aggression abzubauen. Vielleicht lesen wir heute von einem umorientierten Verhalten Jesu, wenn er gefragt wird, wie mit der Ehebrecherin umzugehen ist, und er in den Sand malt. Es gibt solche Momente in der Seelsorge: Wenn zum hundertsten Mal die bedingungslose Liebe Gottes in Frage gestellt wird und Fragen nur auf die Probe stellen wollen. Umorientiertes Verhalten ist eine wesentliche Fähigkeit in der Berufung. Denn Jesus antwortet scheinbar völlig ruhig, doch wahrscheinlich war er dabei innerlich höchst erregt angesichts der drohenden Gefahr für die Frau. Wenn wir es lernen, unsere Verärgerungen über die Kirche oder über das Unverständnis anderer in einer Nebenhandlung abzubauen, können wir unserer Berufung nachkommen, aggressions- und gewaltfrei die Liebe Gottes mitzuteilen. Eine Berufung ohne umorientiertes Verhalten endet in einem Kreuzzug oder in einem Magengeschwür.

Palmsonntag

IMPULS zum Evangelium: Lk 19,28–40

Das heutige Evangelium hat das Zeug dazu, das Credo in Frage zu stellen. Da beten wir: *gelitten unter Pontius Pilatus*. Hat Jesus wirklich unter diesem Römer gelitten? Hat er nicht vielmehr unter denen gelitten, die ihm heute an der Strasse zujubeln und kurz darauf ans Kreuz schreien? Wir leiden nicht so stark unter denen, die unsere Feinde sind, wie unter jenen, die vorgeben, unsere Freunde zu sein, und uns verlassen. 100 Menschen heute, zwölf beim letzten Mahl, vier unter dem Kreuz. Das ist der eigentliche Kreuzweg Christi. Und wenn wir aus diesem Geschehen nach unserer Berufung fragen, dann beginnt sie damit, dass wir uns nicht in einem feierlichen Nachspielen der damaligen Zeit verlieren, sondern all jenen beistehen, die heute ihre Kreuzwege gehen müssen. Dass dies auch eine zutiefst politisch Dimension hat, zeigt Jesus uns nicht zuletzt darin, dass er für seinen letzten Schritt bewusst nach Jerusalem kommt – in das Machtzentrum von Kirche und Staat.

Gründonnerstag (Messe vom letzten Abendmahl)

IMPULS zum Evangelium: Joh 13,1–15

Das heutige Fest ist mehr als nur ein Schlüssel zu jeglicher Berufungsfrage, es ist der Schlüssel zum Leben. Wie viele – auch fromme Geister – rufen uns auf, ganz im Hier und Jetzt zu leben: Carpe diem! Doch genau das ist die Perversion jeglichen Menschseins. Der Mensch lebt *im* Augenblick, aber nicht *vom* Augenblick, er lebt aus der Erinnerung: *Sooft ihr esst und trinkt, denkt an mich.*

Die grausamste Krankheit ist für viele die Demenz. Sie nimmt keineswegs das Hier und Jetzt, sie nimmt die Vergangenheit. Wer jemals von einem geliebten Menschen nicht mehr erkannt wurde, weiss, was das mit uns macht. Ebenso ist es, wenn nach einer Liebe, die für immer versprochen war, der andere einen plötzlich nicht mehr erkennen will, weil er in einem neuen Hier und Jetzt lebt, zu dem man nicht mehr gehört.

Jesus weiss eines: Schmerzen, Einsamkeit und Sterben, alles das, was morgen kommen wird, sind in einem Hier und Jetzt nicht zu ertragen, nur in Erinnerung und Hoffnung. Dazu ist uns dieses Mahl geschenkt. Berufung heisst, Vergangenes zu vergegenwärtigen und Zukünftiges zu erwarten – hier und immerfort.

Karfreitag

IMPULS zur Kreuzverehrung

Sein Versprechen am Kreuz

Keinen Schmerz
den ich fühle
wird er verlachen

Keine Träne
die ich weine
wird er verschütten

Keine Angst
die ich spüre
wird er verachten

Keine Liebe
die ich empfinde
wird er verbieten

(Thomas Leist, 1986)

Ostersonntag

IMPULS zum Evangelium: Joh 20,1–9

In jeder katholischen Kirche findet sich ein Kreuz, zumeist sogar ein Kruzifix, also ein Kreuz, an dem der Körper Christi hängt. Doch heisst es in der Liturgie jeden Sonntag: *Wir feiern den ersten Tag der Woche als den Tag, an dem Christus von den Toten auferstanden ist.* An diesem Tag müsste das Kreuz also leer sein.

Ohne Zweifel: Durch das Kreuz hat Jesus die Welt erlöst; aber das war ja noch nicht das Ziel, denn er selbst sagt: *Ich bin gekommen, damit ihr das Leben habt und es in Fülle habt.* Das Leben ist das Ziel. Ostern ist das Ziel. Das Kreuz war nur der Weg.

Sehnsucht kann man nur wecken, indem man das Ziel beschreibt. Berufung kann man nur wecken, wenn man gemeinsam dieses Ziel in den Blick nimmt. Das wäre wahrhafte Berufungspastoral: Wenn du ein Schiff bauen willst, dann trommle nicht Männer zusammen, um Holz zu beschaffen, Aufgaben zu vergeben und die Arbeit einzuteilen, sondern lehre die Männer die Sehnsucht nach dem weiten, endlosen Meer.*

(*nach Antoine de Saint-Exupéry, «Die Stadt in der Wüste»)

2. Sonntag der Osterzeit

Impuls zum Evangelium: Joh 20,19–31

Wir hören das Evangelium vom ungläubigen Thomas. *Wem* glaubt er nicht? Thomas glaubt seinen Kollegen nicht. Er glaubt nicht Jesus nicht, sondern er glaubt den Zeugen nicht. Warum glaubt man Zeugen nicht? Unter anderem glaubt man dann nicht, wenn Zeugen sich ganz anders verhalten, als es ihrer Aussage entspricht.

Nun heisst es heute, dass die Jünger eine Woche nach der Begegnung mit dem Auferstandenen wieder zusammensassen und dass die Tür wieder verschlossen war. Diese Jünger waren also nach der Begegnung mit Jesus keineswegs so begeistert, dass sie sofort alle Angst vergessen und den Auftrag Christi erfüllt hätten, zu den Menschen zu gehen, sondern sie hatten sich weiterhin eingeschlossen. Darin waren sie unglaubwürdige Zeugen.

Es ist nicht zu übersehen, dass auch wir als Kirche für viele unglaubwürdige Zeugen für unsere Botschaften sind. Wir verursachen so, dass Menschen nicht glauben können. Sie können *uns* nicht glauben. Und sie werden sich von uns auch nicht animieren lassen, zu uns zu kommen, gar einen Dienst bei uns anzutreten. Berufungspastoral kann nur gelingen, wenn wir leben, was wir glaubhaft machen wollen: ein Leben in Fülle.

3. Sonntag der Osterzeit

IMPULS zum Evangelium: Joh 21,1–14

Der Auferstandene begegnet den Jüngern beim Fischen. Sie, die die ganze Nacht nichts gefangen haben, werfen das Netz auf sein Wort hin nochmals aus und fangen 153 Fische. Ausgehend von diesem Text kann der Gedanke zur Berufung in zwei Richtungen laufen: Obwohl sie bereits den Sendungsauftrag erhalten hatten, gehen die Jünger wieder in ihre Berufe zurück. Begeisterung und Nachfolge sieht anders aus. Antwort: Wahrscheinlich sind die Texte der Begegnung mit dem Auferstandenen nicht in einer zeitlichen Einordnung niedergeschrieben, so wie auch Berufung sich selten in einem linearen Zeitstrahl abbilden lässt.

Spannender aber sind die 153 Fische und die Überlegung des heiligen Hieronymus zu dieser Zahl: Es sei die Zahl aller bekannten Fischarten im See. Das heisst, dass uns dieser Text daran erinnern soll, dass alle Arten von Menschen, alle Charaktere und Typen berufen sind und wir nicht anfangen sollten, den Fang auszusortieren in geniessbar, ungeniessbar, brauchbar und unbrauchbar. Berufen ist ein jeder und eine jede, sich fangen zu lassen von Christus.

4. Sonntag der Osterzeit

IMPULS zum Evangelium: Joh 10,27–30

Schafe und Hirt – ein belastetes Bild. Wo kommt es eigentlich her? Im Buch Ezechiel findet sich die Vorlage:

So spricht Gott: Weh den Hirten Israels, die nur sich selbst weiden. Ihr trinkt die Milch, nehmt die Wolle für eure Kleidung und schlachtet die fetten Tiere; aber die Herde führt ihr nicht auf die Weide. Die schwachen Tiere stärkt ihr nicht, die kranken heilt ihr nicht, die verletzten verbindet ihr nicht, die verscheuchten holt ihr nicht zurück, die verirrten sucht ihr nicht, und die starken misshandelt ihr ... (Ez 34,2–4). *Jetzt will ich (Gott) mich selber um meine Schafe kümmern. Wie ein Hirt sich um die Tiere seiner Herde kümmert. Ich hole sie zurück von all den Orten, wohin sie sich zerstreut haben ... Ich werde sie auf die Weide führen, ich werde sie ruhen lassen. Die verlorengegangenen Tiere will ich suchen, die vertriebenen zurückbringen, die verletzten verbinden, die schwachen kräftigen, die fetten und starken behüten. Ich will ihr Hirt sein und für sie sorgen* (Ez 34,11–12.15–16).

Berufung heisst, Menschen mit diesem Hirten bekanntzumachen, und die Berufung des Ezechiel war es offensichtlich, auch die Hirten seiner Zeit dazu zu ermahnen.

5. Sonntag der Osterzeit

IMPULS zum Evangelium: Joh 13,31–33a.34–35

Daran werden alle erkennen, dass ihr meine Jünger seid: wenn ihr einander liebt. – Daraus ist wohl nichts geworden. Kaum einer wird die Kirche, uns, als Liebesgemeinschaft verstehen.

Und doch geht es genau darum – aber dabei muss man auch verstehen, was Liebe meint: Liebe kommt vom althochdeutschen «liuben» und heisst: dem anderen gut sein wollen. «Ti voglio bene», heisst es bis heute im Italienischen. Es braucht also keineswegs ein inniges Gefühl, es braucht einen Willen. Und die permanente Frage in allem Handeln: Tue ich das, um dem anderen gut zu sein oder nur mir? Die Antwort darauf ist meistens nicht schwer, und Aussagen wie «Wir sollten ja helfen, aber können uns das nicht leisten» sind einfach entlarvend.

Berufung misst sich an nichts anderem als an diesem Auftrag Christi: Will ich in meinem Leben dem anderen gut sein? Will ich mein Leben am anderen ausrichten? *Daran kann man bis heute erkennen, dass ihr meine Jüngerinnen und Jünger seid.*

6. Sonntag der Osterzeit

IMPULS zum Evangelium: Joh 14,23–29

Der Beistand, der Heilige Geist, wird euch lehren und an alles erinnern, was ich euch gesagt habe. Berufung geschieht in und durch diesen Geist. Nur gibt es ein kleines Problem: So sehr wir uns von diesem Geist erfüllt sehen, dürfen wir ihn dem anderen nicht absprechen. «Denn es kann wohl sein, dass derselbe Geist Gottes mich aus gewissen Gründen zu dem einen drängt und andere zum Gegenteil … Füge es Gott unser Herr in allen zu seinem grösseren Lob!» (Ignatius von Loyola).

Berufung wird so immer ein dialogisches Geschehen sein – auch mit den kirchlichen Stellen. Es mag sein, dass man sich im Heiligen Geist zu einem kirchlichen Dienst berufen sieht und ein Gegenüber im gleichen Geist eine Aufnahme in den Dienst verwehrt. Allerdings: Auch wenn man den Heiligen Geist des anderen nicht in Frage stellt, so darf man den Heiligen Geist in einem selbst auch nicht einfach leugnen – und die Berufung wird ihren Weg finden, zu seinem grösseren Lob. Nur wenn wir niemanden mehr als geistlos bezeichnen, weil er anderer Meinung ist, werden wir glaubhafte Zeugen des Heiligen Geistes, den Jesus uns verheissen hat.

Christi Himmelfahrt

IMPULS zum Evangelium: Lk 24,46–53

Eine Berufung, wie sie im Buche steht – sie steht im Buche, und da lesen wir sie heute: Auftrag – Bedingung und Zeitpunkt – Segen. Diese drei Teile finden sich in jeder Berufung zur Nachfolge.

Der Auftrag: *Geht, seid meine Zeugen.* Bedingung und Zeitpunkt: *Geht erst, wenn ihr den Beistand von meinem Vater erhalten habt.* Und Segen: *Er segnete sie.*

Was ist unser Auftrag im Leben und wie können wir ihn konkret werden lassen? Was heisst, Zeuge zu sein? Ein Zeuge muss selbst etwas gesehen oder zumindest gehört haben. Welche Voraussetzungen brauche ich, um meinen Auftrag umzusetzen, welche Form des Beistandes? Spüre ich den Segen, der mir in diesem Prozess geschenkt ist?

Jesus beruft seine Jünger nicht in ein Amt, sondern er beruft sie in eine Aufgabe.

7. Sonntag der Osterzeit

IMPULS zum Evangelium: Joh 17,20–26

Alle sollen eins sein. Direkt vor seiner Festnahme betet Christus darum, dass alle eins werden. Das geht weit über jeden anderen Auftrag der Liebe und der Sorge hinaus. Eins werden mit dem anderen heisst: das Leiden des anderen als eigenes Leiden zu spüren. Es geht nicht mehr um das Helfen von aussen, sondern darum, im eigenen Empfinden zu verschmelzen mit dem anderen. Ein solches Einssein mit anderen und der Schöpfung würde die Welt tatsächlich verändern – kein Abwägen mehr zwischen meinen Möglichkeiten und seinem Leiden.

Die Berufung zum Einssein über alle Grenzen hinaus führt in Kontemplation und Meditation. Sie ist eine immerwährende Übung, wo immer sie angestrebt wird – übrigens keineswegs nur in der christlichen Spiritualität. Sie ist ein Wagnis, dass auch in der Kirche nur wenige eingehen werden, aber wo immer es einer tut, werden wir ihn oder sie erkennen und die Nähe Gottes spüren. Berufung XXL.

→

Nach der Kommunion

Text eines Pflegers im Spital

pause
klingel
wieder 577
tür auf
die alte links
senil, dement
will decke
25 grad
unsinn
2 minuten
decke
zurück zur pause
mir wird kalt

(Thomas Leist, 1986)

Pfingsten

IMPULS zum Evangelium: Joh 20,19–23

Drei Jahre war Jesus auf dem Weg zu den Menschen und mit den Menschen. Auch nach seiner Auferstehung lässt er sich nicht vor dem Grab besuchen, sondern bricht geradezu erneut in das Leben ein; dort, wo die Türen verschlossen sind. Nachfolge heisst, zu den Menschen zu gehen, besonders zu den verschlossenen. *So, wie mich der Vater gesandt hat, so sende ich euch.* «Senden» kommt vom germanischen «sinthan» («reisen machen»). Berufung zum kirchlichen Dienst heisst nicht, die Leute per Glocke zu sich zu rufen, sondern zu den Menschen zu gehen.

Eine Kirche, die besucht werden will, ist vielleicht ein Brunnen mit frischem Wasser, aber sie ist keine Quelle, denn diese fliesst aus und über.

NACH DER KOMMUNION

Ein jeder hört sie in seiner Sprache sprechen. Eine Sprache also, die man erst erlernen muss – Latein als Sprache der Kirche oder der Katechismus als Sprache des Glaubens –, ist offensichtlich fast gegenläufig zum Pfingstgedanken. Verkündigung richtet sich am einzelnen Menschen aus, nicht umgekehrt.

2. Sonntag im Jahreskreis

IMPULS zum Evangelium: Joh 2,1–11

Das Evangelium erzählt heute von der Hochzeit zu Kana. Wenn ich Wunder wirken könnte, welches vollbrächte ich als erstes? Würde ich einen Kranken heilen? Würde ich einem Erdbebenopfer sein Haus wiederaufrichten? Würde ich gar einen Toten auferstehen lassen? Das heutige Wunder ist das erste Wunder Jesu. Aus Wasser wird Wein. Das ist nicht gerade eine heroische Grosstat.

Doch weil diese Erzählung so prominent am Anfang des Evangeliums steht, muss sie eine besondere Bedeutung haben, muss sie ein Schlüssel sein für das, was wir nachher lesen, muss sie uns auch einen Schlüssel geben, unsere Berufung zu entschlüsseln: Welchen Schlüssel haben wir? Jesus ist in die Welt gekommen, damit wir das Leben haben und es in Fülle haben – dieser Satz steht im gleichen Evangelium etwas weiter hinten. Jesus kommt, um unser Leben reich zu machen, um uns Freude am Leben zu schenken, um aus Wasser Wein, um aus dem Alltag ein Fest zu machen. Und genau das ist unsere Berufung: Einander das Leben zur Freude werden zu lassen – kirchliche Berufung heisst nicht, den Glauben zu verwalten, sondern die Krüge des Lebens mit gutem Wein zu füllen. Die Berufung zur Seelsorge: eine Berufung zum Schankmeister. Nicht Herren über den Glauben sein, sondern Helfer und Helferinnen zur Freude.

3. Sonntag im Jahreskreis

IMPULS zum Evangelium: Lk 1,1–4; 4,14–21

Das heutige Evangelium braucht keine Auslegung, was es uns für unsere Berufung sagen kann, es sagt es selbst: Jesus schlägt die Schrift auf und liest: «Der Geist des Herrn ruht auf mir; denn er hat mich gesalbt. Er hat mich gesandt, damit ich den Armen eine frohe Botschaft bringe; damit ich den Gefangenen die Entlassung verkünde und den Blinden das Augenlicht; damit ich die Zerschlagenen in Freiheit setze und ein Gnadenjahr des Herrn ausrufe. … Heute hat sich das Schriftwort, das ihr eben gehört habt, erfüllt.»

Stellen wir uns einmal vor, eine neue Seelsorgerin, ein neuer Seelsorger stellt sich so in einem Bewerbungsgespräch vor oder beginnt mit diesen Worten seine Arbeit in einer neuen Pfarrei. Und doch ist eben dies gemeint. Nachfolge, Seelsorge beginnt dort, wo wir diese dreiteilige Botschaft zu unseren eigenen Worten werden lassen: *Der Geist des Herrn ruht auf mir. Er hat mich gesandt. Heute werde ich das umsetzen.*

LIEDVORSCHLAG ZUM KYRIE
«Gleichwie mich mein Vater gesandt hat, so sende ich euch» (KG 511)

4. Sonntag im Jahreskreis

IMPULS zum Evangelium: Lk 4,21–30

Wir hören heute im Evangelium eine wunderbare Geschichte. Sie lässt sich zusammenfassen mit den Worten: Dann zeig mal, was du kannst. Die Menschen haben bereits von Jesus gehört, dass er andernorts grosse Dinge getan hat, und sie möchten, dass er nun auch bei ihnen in der Heimat Wunder wirkt. Doch das geht mächtig schief.

Und genau damit gewinnen wir eine zentrale Erkenntnis für jede Berufung: Zeig mal, was du kannst, dann glaube ich an dich – damit kann man einen Arzt finden im Internet, einen Architekten, aber niemals eine zwischenmenschliche Beziehung oder einen Glauben. Das Vertrauen, die Liebe, der Glaube an den anderen, das muss immer vorgängig sein, damit man wirklich spürt, was im anderen steckt, welche Wunder er/sie wirken kann an mir. Und so setzt Berufung, wie jede Liebe, Vertrauen voraus. Dieses Wagnis kann uns leider niemand abnehmen.

5. Sonntag im Jahreskreis

IMPULS zum Evangelium: Lk 5,1–11

Machen wir uns nichts vor. Die Kirche ist in einem bedauernswerten Zustand. Immer mehr sprechen davon, dass sie an Gott glauben, aber mit dem Bodenpersonal Probleme haben. Irgendwie ist eine gute Idee scheinbar an unfähigen Funktionären gescheitert. Aber schuld am Zustand der Kirche ist letztlich Jesus selbst. Er hat sich einfach nicht an die Vorgaben gehalten, die seit alters her bekannt waren. Die Propheten hatten verkündet, dass der Messias kommt, um Israel zu sammeln, den heiligen Rest, die Gotttreuen. Eine Vorgabe, die Jesus leider nicht umgesetzt hat. Hätte er es getan, sähe die Kirche sicher anders aus. Stattdessen waren es Zöllner, Fischer, Dirnen. Ja, schlimmer noch: Es waren offensichtlich Versager. Fischer, die in der ganzen Nacht keinen Fisch gefangen hatten; ein Petrus, der nicht eine Nacht lang sein Wort halten konnte. Diese Versager sind der Anfang der Kirche. Und so ist es bis heute: Berufungspastoral beginnt da, wo wir nicht allein die Besten suchen, sondern all jene, die Gott ruft, auch wenn er bis heute auf Menschen setzt, denen wir Nachfolge kaum zutrauen würden.

6. Sonntag im Jahreskreis

IMPULS zum Evangelium: Lk 6,17.20–26

Wir hören heute im Evangelium einen Text, der uns an die Bergpredigt erinnert und dessen Aussagen auch tatsächlich auf die gleiche Spruchsammlung zurückgeht. Aber wenn wir genau hinschauen, entdecken wir wesentliche Unterschiede, die uns in besonderer Weise den Umgang Jesu mit seiner Umwelt und letztlich auch das Kennzeichen jeder echten Berufung näherbringt. Bei Matthäus heisst es: *Als er die grosse Menschenmengen sah, ging er auf einen Berg und redete: Selig die Armen …*

Bei Lukas heisst es heute: *In jener Zeit stieg Jesus von dem Berg herab und er sagte: Selig ihr Armen …*

Jesus kommt – bildlich – in die Niederungen des Lebens und er predigt nicht, sondern spricht ganz persönlich Mut zu. Aber er spricht auch zu denen, die sich in falscher Sorglosigkeit bewegen. Berufung beginnt mit dem Hinabsteigen in den Alltag des anderen, mit einer ganz persönlichen Ansprache, nicht mit einer Predigt über die Köpfe hinweg. Lassen wir uns immer wieder auf diese liebende Zuwendung ein und bemühen auch wir uns um eine solche Zuwendung zueinander.

7. Sonntag im Jahreskreis

Impuls zum Evangelium: Lk 6,27–38

Wenn ihr nur die liebt, die euch lieben, welchen Dank erwartet ihr dafür? Wenn ihr nur denen Gutes tut, die euch Gutes tun, welchen Dank erwartet ihr dafür? – Noch können wir mit reumütigem Herzen den Ausführungen folgen – aber was, wenn wir anders fortfahren: Wenn ihr nur bei denen Hausbesuche macht, die früher auch gekommen sind, wenn ihr nur denen Gutes tut, die auch Kirchensteuer zahlen … – welchen Dank erwartet ihr dafür?

Plötzlich ist dieser Text eine Anfrage an unsere Berufung und die Berufung der Kirche.

Eine der einfachsten Fragen zur Klärung einer Berufung ist jene: Habe ich eine begrenzte Zielgruppe für mein Tun vor Augen? Dann habe ich nicht Christi Botschaft im Blick.

Nach dem Evangelium

Wer tut denn das?
Den lieben, der sich immer lieblos zeigt?
Den wertschätzen, der selbst Werte entehrt?
Nicht nur leihen, gleich schenken?
Wer tut denn das?
Gott hat es an mir getan – deshalb will ich es auch an dir versuchen.

8. Sonntag im Jahreskreis

IMPULS zum Evangelium: Lk 6,39–45

Zu jedem bischöflichen Wappen gibt es auch einen Wahlspruch. Es lohnt sich, diese einmal anzuschauen. Wir hören heute einen Satz aus dem Neuen Testament, der es wahrscheinlich nie zu einem Wahlspruch geschafft hat, gleichwohl aber wie kein anderer Nachfolge und Berufung umschreibt: *Kann ein Blinder Blinde führen?*

Stellen wir uns einen Augenblick vor, mit diesem Satz würde ein Bischof seine Arbeit beginnen – wissend, dass ein Blinder keine Blinden führen kann. Wohl aber können zwei Blinde miteinander den Weg sicherer ertasten und einander gegenseitig stützen.

Berufung beginnt dort, wo ich wahrnehme, dass ich nicht zur Führung berufen bin, sondern zum Stützen und Begleiten; dass ich den Weg des anderen keineswegs selbst sehen muss, ihm aber trotzdem zur Seite stehe. Wer wollte eine solche Kirche nicht an seiner Seite haben?

9. Sonntag im Jahreskreis

IMPULS zum Evangelium: Lk 7,1–10

Ein Satz des heutigen Evangeliums hat es geschafft, in allen Eucharistiefeiern quasi rezitiert zu werden. Da ist ein römischer Hauptmann, der Jesus um Hilfe für seinen Knecht bittet und dabei sagt: *Herr, ich bin nicht würdig, dass du eingehst unter mein Dach, aber sprich nur ein Wort, dann wird mein Diener gesund.*

Wir sprechen diesen Satz in leicht abgewandelter Form vor der Kommunion. Er hat an dieser Stelle aber nur Sinn, wenn wir die Pointe begreifen. Christus hat sein Wort gesprochen: *Ich bin gekommen, damit ihr das Leben habt und es in Fülle habt.* Und dieses Wort lässt unsere Seele gesunden.

Wenn wir uns das wirklich bei jeder Kommunion vergegenwärtigen, können wir fast nicht anders, als uns voll Dankbarkeit unserem Nächsten in gleicher Weise zuzuwenden, und wenn Eucharistie Danksagung heisst, dann geschieht Eucharistie eigentlich in eben dieser liebenden Zuwendung. Das heisst Berufung zum geistlichen Leben.

ZUR KOMMUNION

Herr, ich bin würdig, dass du eingehst unter mein Dach, denn du selbst hast mich gewürdigt. Auf ewig sei dir Dank dafür.

10. Sonntag im Jahreskreis

IMPULS zum Evangelium: Lk 7,11–17

Es wäre gewiss interessant, Sie darüber abstimmen zu lassen, was Sie im heutigen Evangelium hören. Ganz sicher ist unser Verständnis dieses Textes massgeblich für unser Verständnis von Berufung.

Jesus kommt in eine Stadt und sieht eine Frau, die gerade ihren einzigen Sohn zu Grabe trägt. Jesus hat Mitleid mit ihr und erweckt den Sohn von den Toten. Man kann diesen Text als wunderschöne Aussage über Jesu Mitleid verstehen und Mitleid zum Kernauftrag aller Berufung erklären.

Wir können aber auch lesen, dass es eine Witwe war, die ihren einzigen Sohn verloren hatte. Das hiess damals, dass die Frau gerade ihre Hoffnung auf eine menschenwürdige Altersversorgung beerdigte. Jesus hatte Mitleid mit ihr. Er gab ihr ihren Sohn zurück, er gab ihr eine Perspektive für das Alter zurück, für ein Auskommen im Leben. So gesehen wäre Berufung die Ermöglichung menschenwürdigen Lebens in ökonomischen Krisen.

Worin sehen Sie christliche Berufung? Vielleicht aber kann man diese beiden Aspekte gar nicht trennen. Berufung heisst, aus Mitgefühl zu handeln – zum Segen und zum Heil der ganzen Welt.

11. Sonntag im Jahreskreis

IMPULS zum Evangelium: Lk 7,36–50

Ich befürchte, das heutige Evangelium führt uns wie kaum ein anderes vor Augen, warum es mit kirchlichen Berufungen so schwierig ist, warum diese immer seltener werden. Wir hören, wie Jesus bei einem frommen Juden, Simon, eingeladen ist. Während des Essens kommt eine Sünderin in das Haus, tritt an Jesus heran, weint, salbt seine Füsse, trocknet sie mit ihren Haaren.

Und da sind sie, die zwei Prototypen von Berufung:

Da ist Simon, der Freude daran hat, dass Jesus in seinem Haus ist, der gern seine Zeit mit ihm teilt. Und da ist die Frau mit einer ungestümen Sehnsucht, die alle Grenzen durchbricht.

Zu welchem Typ gehören Sie?

Berufung heisst, eine Sehnsucht zu spüren.

Aber es kommt noch etwas hinzu, was wir als Kirche auch bedenken sollten. Mal ganz ehrlich: Welchen von den beiden Menschen würden sie gern einmal richtig kennenlernen?

12. Sonntag im Jahreskreis

IMPULS zum Evangelium: Lk 9,18–24

Jesus fragt heute seine Jünger: *Für wen haltet ihr mich? Wer bin ich für euch?*

Mutter Teresa hat beim ersten Weltjugendtag darauf einmal ihre Antwort gegeben: Einige Sätze daraus, die in Erinnerung geblieben sind:

Du bist Gott, Gott von Gott, eines Wesens mit dem Vater.
Du bist der geliebte Sohn, das Fleisch gewordene Wort.
Du bist die Prostituierte, deren Freund wir sein sollen,
der Gefangene, den wir besuchen sollen,
der Drogensüchtige, dem wir Kamerad sein sollen.

Die Klärung jeglicher Berufung kommt an der Frage nicht vorbei: *Du aber sage mir, wer bin ich für dich?* Und jede ehrliche Antwort wird eine Tat bedingen.

NACH DER KOMMUNION

Jesus ist die Wahrheit, die verkündet werden muss.
Jesus ist die Freude, die wir austeilen sollen.
Jesus ist das Brot des Lebens, das gegessen werden will.
Jesus ist das Leben, das gelebt werden soll.

(Mutter Teresa 1984 in Rom, mündlich überliefert)

13. Sonntag im Jahreskreis

IMPULS ZUM Evangelium: Lk 9,51–62

Die Füchse haben ihre Höhlen und die Vögel ihre Nester; der Menschensohn aber hat keinen Ort, wo er sein Haupt hinlegen kann. So hören wir es heute im Evangelium. Nun, die gute Nachricht ist, dass das für heutige Seelsorgerinnen und Seelsorger nicht zutrifft. Besonders dort, wo sie in Pfarrhäusern wohnen können, lässt es sich zumeist aushalten.

Aber der Satz beschreibt dennoch eine tiefe Wirklichkeit von Berufung: Es geht nämlich um eine emotionale Beheimatung, um die Frage, in welchen Kreisen ich mich zu Hause fühle, und hier kann es durchaus sein, dass mein Beruf, meine Überzeugungen, meine Lebensideale mich in eine Heimatlosigkeit hineinführen. Das ist weder der böse Wille der Welt noch eine angestrebte Selbstkasteiung. Es kann eine Facette der Berufung sein, es kann ein Grund dafür sein, dass diese Berufe immer seltener gewählt werden, und es ist ganz sicher im heutigen Evangelium auch ein Massstab dafür, der eigenen Berufung nachzuspüren: Bin ich in meiner Nachfolge bereit, auch Abschiede in Kauf zu nehmen? Die Eindrücklichkeit der Worte, mit denen uns Jesus diese Frage stellt, ist kaum zu überbieten. Es ist ihm ernst.

14. Sonntag im Jahreskreis

IMPULS zum Evangelium: Lk 10,1–12.17–20

Wozu sind Sie berufen? Das können Sie letztlich nur selbst entscheiden. Aber wozu ist die Kirche berufen? Das hören wir heute im Evangelium. Es ist so etwas wie ein Sechs-Punkte-Plan Jesu:

1) *Er sendet sie zu zweit* – nicht allein, nicht in der Gruppe: Zu zweit genügt man sich nicht selbst, wie es eine Gruppe tut, sondern bleibt anderen zugewandt und ist doch auch nicht allein.
2) *Er schickt sie voraus in Städte, in die er selbst gehen will.* Wir sind nur Vorboten, nicht das Ziel der Dinge.
3) *Nehmt keinen Geldbeutel mit!* Bleibt bedürftig – gebt euer Schicksal immer wieder in die Hände anderer.
4) *Grüsst niemanden unterwegs!* Zu Deutsch: Trödelt nicht, ihr habt einen Auftrag.
5) *Zieht nicht von einem Haus in ein anderes!* Sucht euch nicht immer nur das Beste aus, sondern lebt wirklich bei den Menschen.
6) *Heilt die Kranken und verkündet das Reich Gottes.* Tut erst etwas, bevor ihr redet.

Wenn die Kirche diesen Leitfaden berücksichtigt, hat sie ihre Berufung erfüllt – und andere finden die eigene dann vielleicht darin, dabei mitzuwirken.

15. Sonntag im Jahreskreis

IMPULS zum Evangelium: Lk 10,25–37

Das heutige Evangelium beginnt mit einer Frage: *Was muss ich tun, um das ewige Leben zu gewinnen?* Diese Frage mag manchem nicht mehr so am Herzen liegen. Aber die Frage, wo der Weg ist zu einem sinnerfüllten Leben und Beruf, interessiert uns wohl alle.

Und hier hören wir eine spannende Antwort. Drei Personen begegnen einem Verletzten. Der Erste ist Priester. Er kommt, sieht und geht weiter. Das tut er aus gutem Grund: Wenn er sich mit dem Verletzten abgibt, wird er kultisch unrein und darf nicht mehr in den Tempel gehen. Der Tempeldienst fiele womöglich aus. Der Levit kommt und macht es ebenso. Auch er hat Probleme mit der Unreinheit – es brauchte zehn Leviten im Gottesdienst in der Synagoge. Wenn er sich mit dem Kranken abgäbe, fiele der Gottesdienst womöglich aus. Das sind gute Gründe. Doch Jesus macht keinerlei Anstalten, sich auf solche Entschuldigungen einzulassen. Kein Opfer im Tempel, kein Synagogendienst entschuldigt diese Menschen. Kein Gottesdienst, keine Sonntagspflicht erlauben, an der Not eines anderen vorbeizugehen. ist. Es gibt kaum ein klareres Bild für Nachfolge als dieses.

FÜR DEN PFARRBRIEF

Vielleicht sollte man sagen: Liebe diesen! – nicht erst den Nächsten.

16. Sonntag im Jahreskreis

IMPULS zum Evangelium: Lk 10,38–42

Das heutige Evangelium erzählt vom Besuch Jesu im Hause von Maria und Marta. Und dann der Satz: *Marta, du machst dir viele Sorgen, aber nur eines ist notwendig.*

Jetzt können wir den Satz so stehen lassen und Berufung darin erkennen, dass wir die richtigen Prioritäten setzen. Aber das Evangelium hat eine viel tiefere Aussage: Jesus kommt zu Besuch. Maria setzt sich genau dahin, wo in der Regel die Schüler bei ihrem Lehrer sassen: zu Füssen. Und Marta kann es nicht fassen. Im Prinzip bittet sie: *Jesus, ruf sie zur Besinnung.* Sie als Frau hat für den Gast zu sorgen. Es war Männern vorbehalten, so beim Gast zu bleiben und ihm zuzuhören. Seien wir ehrlich: Sehr hat sich dies bis heute nicht verändert und am wenigsten in der Kirche. Und hier hören wir nun ein Evangelium, das Menschen nicht festlegt auf die Rolle von Frau und Mann; das daran erinnert, dass Jesus gekommen ist, um alle in eine neue Freiheit zu führen. Erst dann, wenn wir unsere kirchlichen Berufe so geordnet haben, wie es das Evangelium heute vorzeichnet, können wir mit neuen Berufungen rechnen. Beten wir darum.

17. Sonntag im Jahreskreis

IMPULS zum Evangelium: Lk 11,1–13

Das heutige Evangelium erklärt uns etwas zum Leben der Kirche, was auch einen direkten Einfluss auf unser Verständnis von Berufung hat: Es gibt in der Kirche immer wieder die Meinung, etwas müssen exakt so erhalten bleiben, wie es angeblich immer war. Das geht so weit, dass bei Veränderungen zum Beispiel im Wortlaut der Eucharistie die Wirksamkeit infrage gestellt wird. So – und genau so – muss es gesagt oder gemacht werden.

Heute hören wir das «Vater unser», doch wir hören es nach Lukas, und Sie werden erkennen, dass viele Verse fehlen. Wie kann es sein, dass ein so zentrales Wort Jesu so unterschiedlich aufgeschrieben wurde? Es gibt nur eine Antwort: Es geht nicht um das Wort, es geht um den Geist, und gerade im Vergleich der unterschiedlichen Worte wird der gemeinsame Geist noch präziser. Die Kirche braucht eine Vielzahl unterschiedlicher Ausdrücke der Glaubensweitergabe im gleichen Geist, um mitteilen zu können, was wirklich zentral ist: die Liebe Gottes zu den Menschen. Schön, wer seine Berufung darin findet, selbst ein Ausdruck dieser Botschaft zu werden.

FÜRBITTE

Wir beten für eine bunte Kirche – denn wenn wir nur Mosaiksteine einer Farbe haben, werden wir kaum ein Bild legen können.

18. Sonntag im Jahreskreis

IMPULS zum Evangelium: Lk 12,13–21

Das heutige Evangelium spricht in besonderer Weise über unsere Berufung und den Umgang damit. Es beantwortet die Frage, wie ein Leben gelingen kann.

Da war ein Bauer, der eine grosse Ernte hatte und dafür Scheunen bauen wollte. Doch er starb in der Nacht. Es ist spannend, wie viele Berufungen, wie viele Träume daran scheitern, dass wir Scheunen bauen: Erst muss ich genügend auf die Seite legen, sonst kann ich mir eine Ausbildung gar nicht leisten. Erst muss ich studieren, dann werde ich in einen kirchlichen Dienst eintreten. Erst muss ich eine Weiterbildung abschliessen, dann kann ich meinem Wunsch, anderen zu helfen, nachkommen. Das sind Scheunen.

Natürlich brauchen wir hier und da Vorräte, um etwas Grösseres leisten zu können. Wichtiger aber ist es, dass wir, wenn wir erkannt haben, was Freude bringt und Sinn stiftet, sofort damit beginnen – immer auch die Freude im Hier und Jetzt spüren.

19. Sonntag im Jahreskreis

IMPULS zum Evangelium: Lk 12,32–48

Manche Evangelien können schon Angst machen. Das heutige gehört dazu. Zu bildlich wird ausgemalt, was der Herr tut, wenn er seinen Knecht bei seiner Rückkehr schlafend vorfindet.

So deutlich wird da gesprochen, dass wir den Satz, der uns sagt, wozu wir auf Erden sind, also was der Herr von seinen Verwaltern erwartet, gar nicht hören. Da heisst es nämlich, dass der Herr Verwalter einsetzt, damit diese seinem Gesinde zur rechten Zeit die Nahrung zuteilen.

Der kluge Verwalter hat also den Auftrag, den Menschen, die ihm anvertraut sind, Nahrung zu bereiten, Leben zu schenken – Leben in Fülle.

Die Kirche ist dieser Verwalter, diese Verwalterin, bis er wiederkommt. Sie soll den Menschen Nahrung schenken, wissend, dass der Mensch nicht vom Brot allein lebt. Eine Kirche, so hören wir, die es sich hingegen nur selbst gutgehen lässt, die sich an ihrer Macht berauscht, die anfängt, andere zu knechten, erfüllt den Willen des Herrn nicht. Berufung beginnt dort, wo wir uns in den Dienst stellen, anderen Nahrung zukommen lassen, geistliche wie physische. Dies ist die Aufgabe und die Berufung aller kirchlichen Dienste – selig die Verwalter, die der Herr bei der Arbeit findet.

20. Sonntag im Jahreskreis

IMPULS zum Evangelium: Lk 12,49–53

Ich bin gekommen, um Feuer auf die Erde zu werfen, und ich will, dass es brennt. Es wäre fatal, diesen Satz jetzt weichzuzeichnen und gleich mit dem Feuer der Liebe in Verbindung zu bringen, welches Jesus in uns entzünden möchte. Denn es heisst weiter: *Ich bin gekommen, um Spaltung zu bringen. Mein Ziel ist es nicht, Frieden zu bringen, sondern Spaltung.*

Eine unangenehme Aussage, die uns zutiefst in unsere Berufung und in die kirchliche Wirklichkeit hineinführt.

Um Menschen zu retten, muss man sie oft abspalten, herausreissen aus allem Lebensfeindlichen. Ein falscher Friede ist kein Ziel. Eine Kirche, die immer friedlich und höflich miteinander umgeht, lebt friedhöflich.

Berufung kann zur Spaltung führen, mit dem Freundeskreis und der Familie. Ja, auch die Nachfolge der Kirche kann und wird immer wieder zu Spaltungen führen von jenen, die krampfhaft festhalten an eigenen Vorstellungen. Nachfolge sucht Weg, Wahrheit, Leben – nicht Frieden um jeden Preis.

21. Sonntag im Jahreskreis

Impuls zum Evangelium: Lk 13,22–30

Ein Junge, ungefähr zehn Jahre alt, spielt draussen mit einem Freund. Die Mutter hat mehrfach zum Essen gerufen, aber sie haben sie ignoriert. Irgendwann ruft sie: «Wenn ihr jetzt nicht kommt, schütte ich das Essen weg.» Sie kommen nicht. Eine Stunde später erst kommen sie. Nein, sie hat das Essen nicht weggeworfen – aber der Junge hat sie selten so traurig gesehen, und das Essen ist kalt und schmeckt nicht mehr wirklich.

Dies ist die Botschaft des heutigen Evangeliums, wenn Jesus mit seinen Jüngern darüber spricht, wer gerettet wird. Beide Geschichten verdeutlichen dreierlei:
1) Jesus und die Mutter sind emotional betroffen; eindrücklich und mit kraftvollen Bildern und Worten mahnen sie, zu kommen.
2) Nachfolge verlangt den ganzen Einsatz hier und jetzt. Es geht nicht darum, dass irgendwann die Türen verschlossen oder Lebensmittel weggeworfen werden, sondern darum, wachzurütteln und die Dringlichkeit anzumahnen.
3) Wer nicht zur rechten Zeit kommt, der muss damit leben, dass das Leben fad, kalt, geschmacklos wird.

Für die Kirchentür

Berufungstest
Was immer ich spüre – ruft es mich zu einem «sofort» oder zu einem «bei Gelegenheit»?

22. Sonntag im Jahreskreis

IMPULS zum Evangelium: Lk 14,1.7–14

Als Jesus an einem Sabbat in das Haus eines führenden Pharisäers zum Essen kam, bemerkte er, wie sich die Gäste die Ehrenplätze aussuchten. Er nahm das zum Anlass für eine Lehre.

Bei der letzten Priesterweihe begann der Bischof seine Predigt mit den Worten: «Liebe Mitbrüder im bischöflichen, priesterlichen und diakonalen Dienst, liebe Mitarbeiterinnen und Mitarbeiter in der Seelsorge, liebe Brüder und Schwestern …» Damit war die Sitzordnung, schlimmer noch: die Denkordnung in der Kirche genau umschrieben – und gleichzeitig der Grund der immer geringer werdenden Akzeptanz dieser Kirche. Das Evangelium ruft uns auf, auf die Ehrenplätze, auf die erste Nennung in der Gästeliste zu verzichten, ja sogar mit jenen zu Tisch zu sitzen, die sonst keinen Platz in der Gesellschaft haben. Nur dann, wenn wir diesen Auftrag wieder glaubhaft leben, werden wir auch von anderen wieder geschätzt werden. Aber wenn nur wir selbst uns schätzen, werden wir verlacht. Berufung können wir nur spüren zu einer Tätigkeit, nicht zu einem Amt. Spüren wir die Berufung, füreinander Tisch und Leben zu bereiten?

23. Sonntag im Jahreskreis

IMPULS zum Evangelium: Lk 14,25–33

Wenn einer einen Turm bauen will, setzt er sich dann nicht zuerst hin und rechnet, ob seine Mittel für das ganze Vorhaben ausreichen? Sonst könnte es geschehen, dass er den Bau nicht fertigstellen kann. Und alle, die es sehen, würden ihn verspotten.

Es gibt wohl selten in der Bibel eine so klare Umschreibung von Berufung. Es geht nicht um die Frage, wie man in den Himmel kommt; wenn nur Erfolg den Himmel brächte, alles andere Verdammnis, dann müsste man nicht lange rechnen und auch das Aussichtslose wagen.

Es geht um die Frage der Nachfolge und darum, sich selbst richtig einzuschätzen. Kann ich das Projekt, das ich beginne, auch durchhalten oder muss ich vielleicht eine etwas kleinere Form wählen? Die Kirche ist an ihren Plänen gescheitert: Zum Himmelreich auf Erden hat es nicht gelangt. Und alle, die es sehen, verspotten sie. Bauen wir statt hoher Türme Zelte, Zelte der Begegnung. Bekunden wir, dass auch unsere Möglichkeiten beschränkt sind, wir weder Kampf noch Grösse suchen. Dann werden wir auch wieder Menschen dafür begeistern, diesen Weg mit uns zu gehen – und ihre Berufung zu spüren.

24. Sonntag im Jahreskreis

IMPULS zum Evangelium: Lk 15,1–32

Das heutige Evangelium beschreibt den Beginn einer jeden Berufung; Oft heisst es, dazu bräuchte es eine Umkehr. Das ist scheinbar fromm, aber schrecklich falsch. Wir hören drei Gleichnisse: Das Gleichnis vom verlorenen Schaf, das Gleichnis von der verlorenen Drachme, das Gleichnis vom verlorenen Sohn.

Wer nun – zumeist mit Blick auf den Sohn – glaubt, die Umkehr sei entscheidend, hat die Botschaft nicht begriffen. Es geht weder um ein Schuldeingeständnis noch um Umkehr. Das Schaf hat nichts falsch gemacht, sondern war einfach dumm und hat den Weg verloren. Die Drachme war weder böse noch dumm, sie ist verlorengegangen. Und Gott geht nach, Gott sucht. Damit beginnt jede Berufung: mit Gottes werbendem und suchendem Ruf.

Wenn wir glauben, zur Nachfolge eine Vorleistung bringen zu müssen, werden wir nie unsere Berufung spüren – es ist die Berufung der Dankbarkeit, denn seine Sehnsucht nach uns ist oft mächtiger als unsere Sehnsucht nach ihm. Hören wir ihn?

KOMMUNIONVERS

«Nicht ihr habt mich erwählt, sondern ich habe euch erwählt» (Joh 15,16).

25. Sonntag im Jahreskreis

IMPULS zum Evangelium: Lk 16,1–13

Heute hören wir ein lustiges Evangelium. Ein Verwalter, der rausgeschmissen werden soll, veruntreut noch einmal richtig viel Geld, um sich Freunde zu schaffen. *Zu schwerer Arbeit tauge ich nicht und zu betteln schäme ich mich.*
Aber was passiert wirklich? Wir sehen einen Menschen, der offensichtlich seine Mühe hat mit den Ansprüchen seines Vorgesetzten, aber in seiner Not auch erkennt, dass andere Menschen ebenso Mühe haben unter den Lasten, die sie tragen müssen. Und auf zugegeben etwas spezielle Weise macht er diesen Menschen das Leben leichter. *Was steht auf deinem Schuldschein? 100? Vergiss es, schreib 50!* Er erleichtert den Menschen das Leben. Er hat ihnen Schulden erlassen, die er gar nicht erlassen durfte. Und Jesus tadelt ihn nicht. Er lobt ihn sogar, denn dieser unehrliche Verwalter macht bei all seinen Fehlern etwas, was Jesus offenbar über vieles hinwegsehen lässt: Er macht den Menschen das Leben leichter. Was, wenn allein das auch unsere Berufung als Kirche wäre: nicht noch Angst und Abhängigkeit zu vergrössern, neue Gesetzbücher zu schreiben, sondern einander das Leben zu erleichtern …

26. Sonntag im Jahreskreis

IMPULS zum Evangelium: Lk 16,19–31

Mit seinen liebevollsten Gedanken macht sich der junge Mann auf den Weg und überreicht seiner Geliebten eine wunderschöne Rose mit den Worten: «Meine Rose bist du.» Und im nächsten Moment hat er eine Ohrfeige. «Willst du mir sagen,» so ruft sie aus, «dass ich ein stachliges Wesen habe und dass ich heute ja ganz nett aussehe, aber morgen schon verblüht sein werde?»

So ungefähr wäre es, wenn wir aus dem heutigen Evangelium ablesen wollten, was Jesus über Umkehr und ewiges Leben sagt. Mit einem der warmherzigsten Bilder – dem des Armen in Abrahams Schoss – beschreibt er nicht, dass der Reiche, der kein Erbarmen hat, in die Hölle kommt; sondern er beschreibt, dass dieser längst in der Hölle *ist*, weil ein Leben ohne Barmherzigkeit kein Leben in Fülle ist. Ein Leben ohne Liebe ist ein Leben ohne Gott, ein Leben ohne Sinn. Wer immer mehr möchte, spürt einen endlos «brennenden Durst», den nichts löschen kann. Berufung heisst, nicht aus Angst vor der Hölle zu handeln, sondern sich auf die Suche nach dem Sinn im Leben zu begeben.

27. Sonntag im Jahreskreis

IMPULS zum Evangelium: Lk 17,5–10

Jemand erzählt: «Es war ein nasskalter Tag, an dem ich dreimal den gleichen Satz gehört habe. Drei Menschen hatten mir in ganz unterschiedlicher Weise in Problemen und einmal wirklich einer kleinen Notlage geholfen. Dreimal bedankte ich mich herzlich, dreimal hörte ich den gleichen Satz: Da nicht für; das ist mein Job.»

Jesus mahnt heute seine Jünger: *So soll es auch bei euch sein: Wenn ihr alles getan habt, was euch befohlen wurde, sollt ihr sagen: Wir haben nur unsere Schuldigkeit getan.*

Auch wir müssen uns fragen: Was ist mein Job? – Und suche ich überall Dankbarkeit und Schulterklopfen oder würde auch ich sagen, ich habe nur meine Schuldigkeit getan – und es auch so meinen?

Berufung sucht keine Zustimmung, kein Lob, keine Anerkennung, denn sie ist sich ihrer eigenen Sinnhaftigkeit bewusst. Das ist vielleicht der einfachste Berufungstest, den wir haben: Fragen wir uns, was wir auch dann tun würden, wenn niemand es sieht, niemand es beachtet, niemand dafür dankt.

28. Sonntag im Jahreskreis

IMPULS zum Evangelium: Lk 17,11–19

Das heutige Evangelium ist ein wunderbarer Text für den Vergleich von Jesus mit heute zu findenden Formen der Nachfolge: Jesus heilt zehn Aussätzige; nur einer kommt zurück und bedankt sich dafür – und dieser ist sogar der einzige Fremde der Gruppe, der nicht Rechtgläubige. Und Jesus fragt nur: *Sind die anderen denn nicht geheilt?* Wir können den traurigen Ton in dieser Frage nahezu hören. Aber mehr passiert nicht. Kein böses Wort über die Neun, keine Drohung, keine Verwünschung.

Ich befürchte, heute würden wir in manchen Kirchen lange Predigten über die Undankbarkeit im Allgemeinen und im Speziellen hören. So sehr erwarten wir Dankbarkeit für unser Tun. Berufung beginnt da, wo ich damit leben kann, dass mein Einsatz für andere nicht verdankt wird. Berufung beginnt vielleicht da, wo ich auch die Traurigkeit Gottes nachspüren kann über Menschen, die nicht erkennen, dass sie aufgrund seines Tuns «mit heiler Haut davonkommen». Diese Erfahrung mit Gleichmut zu ertragen, ist nicht einfach. Und dies ist tatsächlich nach allen Analysen auch ein Grund für die geringer werdende Zahl von Seelsorgenden – dabei hat es doch Jesus selbst schon erfahren.

29. Sonntag im Jahreskreis

IMPULS zum Evangelium: Lk 18,1–8

Das heutige Evangelium lädt uns ein zur Hartnäckigkeit im Glauben. Weder wird Gott dabei mit dem gottlosen Richter gleichgesetzt, noch geht es primär um das Beten. Was genau ist die Botschaft? Lukas schreibt sein Evangelium ein halbes Jahrhundert nach Jesus. In seiner Zeit macht sich erste Lauheit der Christen breit. Der Eifer der Gründergeneration ist verflogen. Im Schlusssatz liegt der Schlüssel zum Verständnis des Evangeliums: *Wird der Menschensohn, wenn er kommt, auf der Erde noch Glauben vorfinden?* Tröstlich, dass diese Frage schon so früh in der Kirchengeschichte Thema war.

Aber leider richtet sich die Frage bis heute an uns, und von ihrer Beantwortung ist auch die Lebendigkeit unserer Berufungen abhängig. Wagen wir in der Nachfolge nur, was Aussicht auf Erfolg hat? Lassen wir uns von jedem Rückschlag verunsichern? Sind wir hartnäckig in unseren Forderungen für eine gerechte Gesellschaft? Ohne Zweifel sind unsere Lauheit und unsere mangelnde Hartnäckigkeit wesentliche Gründe dafür, dass immer weniger Menschen sich von unserer Gemeinschaft angesprochen fühlen – nur Beharrlichkeit schafft Glaubwürdigkeit. Nur Glaubwürdigkeit weckt Berufung.

GESTALTUNGSVORSCHLAG
Statt Fürbitten: Psalm 103 beten

30. Sonntag im Jahreskreis

IMPULS zum Evangelium: Lk 18,9–14

Zwei Personen werden im heutigen Evangelium miteinander verglichen. Schauen wir einmal nur auf den Pharisäer, einen wirklich untadeligen Mann, der keinen anderen Wunsch hat, als heilig zu werden. Er gehört zu einer Gruppe besonders frommer Menschen. Er sondert sich von der Masse der religiösen Mitläufer bewusst ab – «peruschim» heisst «die Abgesonderten». Er leistet viel: Obwohl zu seiner Zeit nur für wenige Lebensmittel eine Abgabe zu entrichten ist, zahlt er freiwillig für alles den Zehnten. Nur eines will er nicht wahrhaben: dass Gott auch einen Sünder liebt. Er kann und will es nicht verstehen. Für solche Menschen ist kein Platz in seiner Kirche.

Von den Pharisäern ist in den Evangelien nicht die Rede, damit wir verächtlich auf sie herabschauen, sondern damit wir die Versuchungen der Elite im Glaubensleben immer vor Augen haben. Und allein dieser Blick lässt Berufung lebendig werden, denn nur eine Kirche, die die Liebe Gottes zu allen Menschen lebt, weckt die Berufung dazu.

AM BEGINN DES GOTTESDIENSTES

Lieber Gott, hab Dank dafür, dass ich kein Pharisäer bin, nicht hinabschaue auf die anderen, nicht meine, etwas Besseres zu sein, nicht wie diese ekelhaften Pharisäer eben.

31. Sonntag im Jahreskreis

IMPULS zum Evangelium: Lk 19,1–10

Wir hören heute das Evangelium von Zachäus, der auf einen Baum steigt, um Jesus zu sehen. Stellen wir uns die Situation vor: Es heisst, dass Zachäus, der oberste Zollpächter, klein war. Er wird als oberster Zollpächter nicht gerade der Jüngste sein, wahrscheinlich bestens gekleidet, und wohlhabend hiess damals auch gut genährt – also mit untersetzter Figur. Und dieser Mann steigt auf einen Baum. Mühsam muss das gewesen sein, und lächerlich muss es ausgesehen haben. Zachäus macht sich zum Affen. Und gerade darin begegnet uns seine Berufung, denn es ist ihm die Sache wert. So gross ist seine Sehnsucht, Jesus zu sehen, dass er sich zur Witzfigur macht.

Stellen wir uns für einen Augenblick einen kleinen, leicht untersetzten Bischof in vollem Ornat vor, der auf einen Baum klettert. Natürlich würde er zum Spott der Leute werden – aber wie viel Sehnsucht braucht es, dies zuzulassen!

Berufung beginnt in der Sehnsucht. Ein Seelsorger* ist zuerst ein Sehnsorger*. Und wenn ich spüre, dass ich mich für meine Sehnsucht auch verlachen lasse, kann ich sicher sein, dass sie Weg, Wahrheit und Leben ist.

32. Sonntag im Jahreskreis

IMPULS zum Evangelium: Lk 20,27–38

Das heutige Evangelium kann man als Geschichte einer missglückten Berufung lesen. Ein Sadduzäer fragt Jesus nach der Auferstehung. – Nun, die Sadduzäer glaubten nicht an die Auferstehung, und so konstruiert er eine Geschichte, die nur eines im Sinn hat: diesen Glauben ad absurdum zu führen. Wahrscheinlich mit scheinheiliger Ernsthaftigkeit will er die kleine gedankliche Bombe platzen lassen. Ob er damit Erfolg hatte oder nicht, entscheiden letztlich Sie. Und ob Sie selbst an die Auferstehung glauben oder nicht, entscheiden auch Sie. Aber eines ist klar: Wer in der Frage bereits die Antwort für sich kennt, wird kaum mehr hören, was der andere sagt. Und genau das ist der Weg, seine Berufung zu überhören, denn es geht um die Wahrnehmung des Rufes und nicht um die eigenen Vorstellungen von Nachfolge. Berufung kann scheitern an den eigenen Antworten.

33. Sonntag im Jahreskreis

IMPULS zum Evangelium: Lk 21,5–19

Das heutige Evangelium kann man in einem Satz zusammenfassen, und zugleich hat man den Schlüssel aller Berufungen. Die Zusammenfassung: *Die ganze Welt wird untergehen, aber lasst euch dadurch nicht stressen.* – Das ist ziemlich genau das, was Jesus sagt. Es ist so ziemlich das Gegenteil aller Unheilspropheten, die mit scheinbar drohenden Katastrophen Angst machen wollen. Und es ist der Weg eines jeden, einer jeden in eine Nachfolge. Aus Angst und Furcht heraus ist weder eine Nachfolge möglich, noch dürfen Angst und Furcht eine Nachfolge verhindern. Nur eine Berufung, die aus der Hoffnung auf einen guten Ausgang aller Dinge heraus lebt, wird in jeder Situation bestehen: Am Ende wird alles gut – und wenn es noch nicht gut ist, ist es nicht das Ende.

LIEDVORSCHLAG
«Nada te turbe» (Taizé)

Christkönigssonntag

IMPULS zum Fest

Um das heutige Evangelium und das Fest «Christ König» zu verstehen, müssen wir uns kurz vergegenwärtigen, dass wir alle in der Taufe Anteil haben an dem dreifachen Amt Jesu. Wir erhalten Anteil an seinem Prophetentum. Der Prophet ist der, der die Stimme Gottes hört. Wir erhalten Anteil an seinem Priestertum. Der Priester ist der, der zwischen Gott und den Menschen handelt. Wir erhalten Anteil an seinem Königtum. Der König war der Einzige, der einen freien Willen hatte, der sich niemandem beugen musste. Und genau diese drei Ämter sind der Kern unserer Berufung, der allgemeinen, wie das Fundament jeder speziellen. Wichtig heute ist zu sehen, wohin Jesus in seiner absoluten Freiheit gesteuert ist: in die Bereitschaft, seine Botschaft mit seinem Leben zu bezeugen. Und bis heute werden wir, welche Botschaft auch immer wir haben, diese mit unserem Leben bezeugen. Fragen wir uns einmal ganz kurz: Was würden wir machen, wenn wir völlig frei wären? Und dann? Dann lasst es uns tun.

FÜR DIE KIRCHENTÜR

Nachfolge beginnt, wo wir spüren, zum König berufen zu sein – nicht zum Hofnarren.

Dreifaltigkeitssonntag

IMPULS zum Evangelium: Joh 16,12–15

Das Dreifaltigkeitsfest ist in besonderer Weise geeignet, die eigene Berufung zu bedenken. Das ist der Berufungstest schlechthin: Erklären Sie die Dreifaltigkeit …

Theologen vieler Jahrhunderte haben sich mit dieser Frage beschäftigt und teils hochkomplexe Antworten gegeben. Es gibt aber auch Antworten, die das Geheimnis in Bilder fassen – zum Beispiel der Gedanke, dass die Sonne Gott Vater, die Strahlen Christus und die Wärme auf der Haut der Heilige Geist sind. Welche Antwort führt den Menschen näher an Gott heran?

Nun – wieso ist das ein Berufungstest? Die wahren Geheimnisse des Glaubens und des Lebens können wir nur in Bildern erschliessen, in persönlichen Erfahrungen. Nur wer bereit ist, seine Erfahrung mit ins Spiel zu bringen, um mitzuteilen, was Gott uns sein will, wird die Menschen erreichen. Dem abstrakten Begriff entzieht sich Gott, entzieht sich alle Liebe. Wer seinem/seiner Geliebten versucht, seine Liebe rein rational zu erschliessen, wird wohl selten eine Partnerschaft erleben. Berufen sind wir zu dem, wofür wir bereit sind, unser eigenes Leben Sprache werden zu lassen.

Fronleichnam

IMPULS zum Evangelium: Lk 9,11b–17

Wir hören heute das Evangelium von der Brotvermehrung – fünf Brote, zwei Fische hatten sie.
In der Vorbereitung auf dieses Evangelium bin ich kurz eingedöst und hatte einen seltsamen Traum. Jesus kam zu einem Bischof und sagte: «Lasst uns den Menschen das Mahl des Lebens bereiten.» Er antwortete: «Ich habe nur fünf Priester und zwei Diakone. Schicken wir einen Brief in andere Teile der Welt, dass sie uns Priester bringen.» Jesus antwortete: «Teilt die Menschen auf in kleine Einheiten, nicht in riesige Pastoralräume, in Einheiten, in denen man sich kennt, in denen man füreinander sorgt, und reicht ihnen das Leben, das ich gesegnet habe – vertraut darauf, dass darin alle satt werden und zum Schluss sogar neue Berufungen erwachsen, Körbe voll. Nur eine Bitte habe ich», so schliesst Jesus: «Wenn ihr schon nicht wisst, wie man das macht mit der Vermehrung, dann sortiert bitte wenigstens zum Schluss nicht noch das Brot, die Berufungen, die ich vermehre, in brauchbar und unbrauchbar, weiblich und männlich, schmackhaft oder zu scharf.»
Ein seltsamer Traum.

Heiligstes Herz Jesu

IMPULS zum Evangelium: Lk 15,3–7

Wir hören das Evangelium von dem Hirten, der 99 Schafe zurücklässt, um einem verlorenen nachzugehen. Wir können auch sagen, wir lesen das «Handbuch der Berufung in drei Schritten»:
1) Die Kirche muss die Freiheit lassen, auch eigene Wege zu gehen – die Schafe waren offensichtlich weder angebunden noch eingesperrt.
2) Wir müssen denen, die drohen verlorenzugehen, hinterhergehen, die Kirche hat eine Holpflicht.
3) Der Hirte trägt das verlorene Schaf auf seinen Schultern, liebevoll, zärtlich – er treibt es nicht vor sich her. Wie würde sich wohl ein Bischof fühlen, wenn man ihm bei der Weihe symbolisch ein Schaf auf die Schulter legte, statt ihm einen Stab zu geben?

Berufung beginnt da, wo ich auf die Suche gehe nach dem Verlorenen, auf die Suche nach Menschen, die vom Weg abgekommen sind, auf die Suche auch nach dem, was in mir verlorengegangen ist an Hoffnung, Sehnsucht, Gemeinschaft.

PETRA LEIST und THOMAS LEIST sind Pfarreibeauftragte im Bistum Chur und leiten eine Pfarrei im Kanton Zürich. Daneben waren beide über viele Jahre in der Studienbegleitung und Berufseinführung des Bistums Chur engagiert.

THOMAS LEIST ist daneben seit 2011 Leiter der Fachstelle Information Kirchliche Berufe (IKB) in Luzern, die für die Berufungspastoral in der deutschsprachigen Schweiz zuständig ist. Zudem ist er Notfallseelsorger und Militärseelsorger in der Schweizer Armee.

PETRA LEIST hat über Jahre ein Sozialprojekt in Kisumu (Kenia) für und mit dortigen Frauen aufgebaut. Sie ist Generalsekretärin des internationalen Studienkreises für Musik und Liturgie «Universa Laus», Kuratoriumsmitglied des Liturgischen Instituts der Schweiz und Präses des Kirchenmusikverbandes im Bistum Chur.